Eine sehr kurze Geschichte
des Israelisch-Palästinensischen Konflikts

AF192308

ILAN PAPPE

# Eine sehr kurze Geschichte des Israelisch-Palästinensischen Konflikts.

Übersetzt aus dem Englischen mit Hilfe
von google translate von Abraham Melzer

Melzer Verlag bei

© Melzer Verlag, Neu-Isenburg, 2025
© Ilan Pappe, 2024
© Oneworld Publications Ltd, 2024
1. Auflage 2025
Umschlaggestaltung: Abraham Melzer + Manuela Kunkel
Satz: Publikations Atelier, Weiterstadt
Verlag: BoD · Books on Demand GmbH, Überseering 33,
22297 Hamburg, bod@bod.de
Druck: Libri Plureos GmbH, Friedensallee 273,
22763 Hamburg
ISBN: 978-3-8192-6543-3

# INHALT

# EINLEITUNG

Seit dem 7. Oktober 2023, als die Hamas im Rahmen der Operation Al-Aqsa in Israel einmarschierte, richten sich die Augen der Welt auf ein Land, in dem es keine Einigkeit zu geben scheint, nicht einmal über den Namen. Israel nennt dieses Land Eretz Israel. Die Palästinenser nennen es Palästina. Am 7. Oktober verloren rund 1 200 Israelis – die meisten von ihnen Zivilisten – ihr Leben, 240 wurden als Geiseln genommen, viele von ihnen sind noch nicht in ihre Heimat zurückgekehrt. Israels Vergeltung, die Operation »Eiserne Schwerter«, hat bisher über 30 000 Palästinenser getötet; etwa ein Drittel waren Kinder. Im Folgenden finden Sie eine kurze Geschichte der Entstehung des Konflikts – sowohl für diejenigen, die den Konflikt zum ersten Mal erleben, als auch für diejenigen, die sich seit vielen Jahren für Frieden und Gerechtigkeit in der Region einsetzen.

Der Konflikt begann nicht erst am 7. Oktober. UN-Generalsekretär Antonio Gutteres verurteilte die von der Hamas verübten Gräueltaten und erinnerte die Welt daran, dass die Palästinenser seit dem Sieg Israels im Sechstagekrieg 1967 56 Jahre lang einer erdrückenden Besatzung ausgesetzt waren. Doch die Wurzeln reichen noch weiter zurück, sogar tiefer in die Vergangenheit als bis zur Staatsgründung Israels 1948. Seine Anfänge finden sich im späten 19. Jahrhundert. Die Geschichte ist, wie alles andere auch, umstritten – verdunkelt durch mächtige politische Interessen und Polarisierung auf beiden Seiten. Doch ich bin Historiker, und Kontext zu liefern, heißt nicht, Entschuldigungen zu finden.

Ausgehend von der Ankunft der ersten jüdischen Siedler im historischen Palästina bis in die Gegenwart möchte ich die wichtigsten Ereignisse, Persönlichkeiten und Prozesse beleuchten, um zu erklären, warum dieser Konflikt so hartnäckig geworden ist. Ich erhebe keinen Anspruch auf Vollständigkeit: Wer sich tiefer mit dem Thema befassen möchte, findet eine umfangreiche Literatur, die Jahrzehnte umfasst. Ich bin jedoch überzeugt, dass jeder, der sich gegen Unterdrückung und Ungerechtigkeit stellt, die Grundlagen dessen verstehen kann, was wir heute als Israel-Palästina-Konflikt kennen. Dieses Buch ist mein Versuch, es verständlich zu machen.

# 1 WANN UND WO BEGANN DER KONFLIKT?

Die kurze Antwort lautet: im späten 19. Jahrhundert, als Palästina – abgesehen von kurzem Interregnum – seit 1516 unter osmanischer Herrschaft stand. Schätzungsweise lebten dort Ende des 19. Jahrhunderts rund eine halbe Million Menschen in drei Distrikten des Osmanischen Reiches: Nablus, Akko und Jerusalem. Die drei Distrikte erstreckten sich mehr oder weniger über das Gebiet des heutigen Israel und der besetzten Gebiete. Etwa 70 % der Bevölkerung waren Muslime, während es beträchtliche christliche und jüdische Minderheiten gab.

Reisende und Diplomaten weltweit markierten das Land auf ihren Karten als Palästina und bezeichneten seine Bevölkerung als die Araber Palästinas. Die Bewohner sprachen ihren eigenen arabischen Dialekt und hatten ihre eigenen Bräuche, darunter reich bestickte Kleidung, die ihre Dorf- und Stammeszugehörigkeit signalisierte. Doch Palästina veränderte sich zwischen den 1830er Jahren und dem Ende des Jahrhunderts, wie der Rest der Welt. Das 19. Jahrhundert war das Zeitalter des Nationalismus, und Palästina blieb davon nicht verschont. Seine städtischen Eliten, wie die in Damaskus, Danietta oder Beirut, entdeckten ihr Interesse an arabischer Literatur und Kultur neu und bauten eine nationale Identität auf, die auf einer gemeinsamen Sprache basierte.

Intellektuelle plädierten für ein neues panarabisches Einigungsprojekt, das sich von Marokko bis zum Irak und von Syrien bis zum Jemen und Sudan erstrecken sollte. Die aufkeimenden panarabischen Gefühle gewannen nach dem Aufstieg der Jungosmanen an Popularität, einer Reformbewegung, die dem gesamten Reich – das zu zwei Dritteln arabisch war – eine türkische Nationalidentität aufzwingen wollte. Die osmanische Verfassung von 1876, ein Sieg für die Jungosmanen, erklärte Türkisch zur einzigen offiziellen Staatssprache. Arabische Untertanen, darunter auch Palästinenser, reagierten zu Recht verärgert auf diesen Versuch der kulturellen Kolonisierung. Diese Tendenzen verstärkten sich noch, als die Jungtürken, die ideologischen Nachfolger der Jungosmanen, 1908 die Macht übernahmen.

Die Geburt einer modernen palästinensischen Identität fiel mit einer lebendigen kulturellen Renaissance zusammen, angeführt von wegweisenden Schriftstellern, Dichtern und Journalisten wie Ruhi al-Khalidi und Najib Nasser, um nur zwei zu nennen. Damals hieß es, die guten Bücher würden in Kairo geschrieben, in Beirut gedruckt und in Jaffa gelesen. Palästina war nie von der arabischen Welt getrennt; es ist ein integraler Bestandteil davon. Es war auch nie ein Land ohne Volk, wie die Zionisten zu sagen pflegten – es sei zum Greifen nah.

Parallel zu diesem kulturellen Wandel modernisierte das Osmanische Reich in seinen letzten Tagen das Land. In Jerusalem und Nablus wurden neue lokale Regierungen mit reformistischer Verwaltung eingerichtet. Zu Beginn des 20. Jahrhunderts wurden Pläne vorgeschlagen und Verträge unterzeichnet, um Straßenbahnlinien zu bauen, elektrische Beleuchtung bereitzustellen und alte Abwassersysteme zu reparieren. Provinzstädte sollten in dieser Vision zu modernen Städten werden. Der Ausbruch des Ersten Weltkriegs bedeutete jedoch, dass viele dieser großen Ambitionen nur auf dem Papier blieben.

Zu dieser Zeit, als Palästina an der Schwelle zu einer neuen Ära stand, erschien der Zionismus in Palästina.

Der Zionismus kam als ausländischer Import. Im 16. Jahrhundert begann er als evangelikales christliches Projekt in Europa. Eine bedeutende Anzahl protestantischer Christen glaubte, dass die Rückkehr des jüdischen Volkes nach »Zion« Gottes Versprechen an die Juden im Alten Testament erfüllen würde. Dies sollte ein Vorbote der Wiederkunft Christi sein und den Beginn des Weltuntergangs markieren – ein Prozess, den viele Evangelikale beschleunigen wollten.

Sie waren die ersten, die die Juden als Angehörige einer Nation oder Rasse betrachteten, anstatt als praktizierende Gläubige eines Glaubens. Sie waren besonders in den USA und Großbritannien aktiv, und einige von ihnen hatten hohe Ämter inne, wie beispielsweise William Blackstone in den USA und Lord Shaftesbury in Großbritannien.

Was motivierte sie? Sicherlich nicht Sympathie für Juden. Manche waren regelrechte Antisemiten und betrachteten Palästina als Abladeplatz für Juden in den USA, Großbritannien und Europa, die sie als gleichberechtigte Mitglieder ihrer jeweiligen Nationen akzeptierten. Doch es war auch politisch opportun, insbesondere für diejenigen, die Teil der herrschenden Eliten waren. Juden konnten ihrer Ansicht nach aus religiösen Gründen mobilisiert werden, um das »Heilige Land«, wie sie Palästina nannten, aus den Händen der »Muslime«, d. h. des Osmanischen Reiches, zu befreien, dass die Pläne der europäischen Imperialisten in dieser Region vereitelt hatte.

Jüdische Intellektuelle und Aktivitäten ließen sich von dieser Bewegung inspirieren, ungeachtet des Zynismus ihrer Motive. Die christlichen Fundamentalisten von heute, die heute als christliche Fundamentalisten bezeichnet werden, die in den USA als christlich-zionistisch bezeichnet werden, bekennen sich immer noch zu diesen Ideen und sind die wichtigste pro-israelische

Lobby in den USA, die Israel nicht nur Unterstützung anbietet, sondern noch weiter geht: Sie unterstützt Israels Annexion und Judaisierung des besetzten Westjordanlandes.

Wir sollten jedoch darauf achten, den christlichen Zionismus vom jüdischen Zionismus zu unterscheiden. Der jüdische Zionismus wurde von zwei Impulsen angetrieben. Es war zunächst eine Reaktion auf den Anstieg des gewalttätigen Antisemitismus in Ost- und Mitteleuropa bis hin zu Pogromen, die Hunderte von Menschenleben kosteten. Europa hatte schon immer ein Problem mit Antisemitismus – jahrhundertelang verurteilten Christen Juden als die Mörder Christi und fügten dazu noch verschiedene Gräueltaten hinzu, wie z. B. die berüchtigten Ritualmorde. Im späten neunzehnten Jahrhundert führte die Inbrunst des modernen Nationalismus dazu, dass die Juden als eine getrennte Nation innerhalb einer Nation dargestellt wurden – unerträglich und nicht zu trauen. Aber der Zionismus war damals nicht die instinktive Antwort auf den aufkeimenden Antisemitismus; Tatsächlich war es anfangs nicht einmal populär. Einer Gruppe, die Jahrhunderte in Europa verbracht hat, vorzuschlagen, sich massenhaft in ein heißes, trockenes Land zu verpflanzen, das mehrere tausend Meilen entfernt ist, mit einer Sprache, die sie nicht sprechen, ist ziemlich schwer zu verkaufen. Tausende jüdischer Arbeiter organisierten sich in sozialistischen Bewegungen, weil sie glaubten, dass eine Revolution und der Sturz des kapitalistischen Systems ihrer Unterdrückung als Juden ein Ende setzen würden. Andere Juden, die unüberlegt an die willkürliche Brutalität des Zaren des Russischen Reiches dachten, vertraten die Ansicht, dass der Aufbau starker liberaler Demokratien den Juden die Möglichkeit bieten würde, vollwertige und gleichberechtigte Bürger zu werden und damit die »Judenfrage« zu lösen. Der Holocaust erschütterte den Glauben an diese Vision. Nach dem Tod von über sechs Millionen Juden und Jahren, in denen die Überlebenden der Konzentrationslager in Lagern für »Displaced Persons« schmachteten, ohne dass ein europäisches Land bereit war, sie aufzunehmen, schien Sicherheit im ehemals von den Nazis besetzten Europa nicht mehr möglich. Erst dann gewann der Zionismus als Bewegung eine wirklich breite Unterstützung in der jüdischen Welt.

Der zweite Impuls war der Nationalismus. Um die Jahrhundertwende begannen sich viele Gruppierungen in Europa unter dem Joch großer, schwerfälliger Imperien wie Russland und Österreich-Ungarn als nationale Bewegungen zu organisieren und für die Wiederherstellung verlorener Rechte zu kämpfen. Und so gab es Verurteilungen für die national-kulturelle Autonomie von Polen, der Ukraine, Tschechien, Serbien und vielen anderen ethnolinguistischen Kollektiven. Jüdische Intellektuelle sahen in dem nationalen Rahmen ein Mittel, die jüdische Identität zu modernisieren, sie sozusagen auf den neuesten Stand zu bringen. Es bedeutete, die alte hebräische Sprache wiederzubeleben und die religiösen Texte des Judentums wieder als politische zu lesen, wobei das Alte Testament die wichtigsten davon waren. Anders als orthodoxe Juden begannen die säkularen Zionisten, ebenso wie evangelikale Christen, das Alte Testament als historisches Dokument zu interpretieren, das die Zugehörigkeit Palästinas zum jüdischen Volk bewies. Orthodoxe Juden betrachteten das Alte Testament als religiöse und moralische Abhandlung, die sie verpflichtete, Gottes Gebote für die Menschheit zu befolgen.

Nach einer besonders verheerenden Pogromwelle im Jahr 1881 im Südwesten des Russischen Reiches plante eine Gruppe junger Juden, sich in Palästina niederzulassen, in der Hoffnung, dass ihr Eifer und ihre Zielstrebigkeit andere dazu inspirieren würden, ihrem Beispiel zu folgen. Sie kamen mit Geld jüdischer Philanthropen und Geschäftsleute wie den Rothschilds nach Palästina. Das Land, das sie kauften, gehörte größtenteils ausländischen Grundbesitzern – d. h. wohlhabenden Menschen, die außerhalb Palästinas lebten und nach Reformen des osmanischen Landrechts Mitte des 19. Jahrhunderts Land vom osmanischen Staat erworben hatten.

Vor diesen Reformen durften Einzelpersonen im Osmanischen Reich generell kein Land als Privateigentum besitzen. Das Reich verpachtete es an Grundbesitzer oder Bauern, die ihre Dörfer darauf bauten. Viele dieser Dörfer bestanden bereits seit Jahrhunderten. In Palästina existierten einige dieser Dörfer sogar schon vor der Existenz des Reiches. Unter der neuen Landordnung war das zuvor vom Staat gepachtete Land der Dörfer nun Privateigentum eines Grundbesitzers. Nach osmanischem Verständnis änderte der Besitzerwechsel des Landes jedoch in der Praxis nichts. Mit dem Land, so wurde es verstanden, gingen auch die Pächter einher, d. h. die Dorfbewohner und ihre Dörfer. Da die ersten zionistischen Siedler ihre eigenen landwirtschaftlichen Kollektive gründen wollten, kauften sie zunächst unbebautes Land, auf dem so gut wie niemand lebte.

Dies sollte sich ändern, als nach dem Zusammenbruch des Osmanischen Reiches am Ende des Ersten Weltkriegs die britische Herrschaft begann, wie wir später sehen werden. Die zionistische Bewegung appellierte an die britischen Herrscher des Mandatsgebiets Palästina, die osmanischen Bräuche zu missachten. Sie verlangte von den Briten die Anerkennung, dass Landbesitz ihnen das Recht einräumte, palästinensische Dorfbewohner zu vertreiben.

Die ersten zionistischen Siedler, die im Sommer 1882 in Jaffa landeten, hatten keine Ahnung von Landwirtschaft. Sie waren größtenteils ehemalige Universitätsstudenten, aufgewachsen in osteuropäischen Städten und ohne jeglichen Instinkt für Landwirtschaft. Sie brauchten die Hilfe palästinensischer Bauern, die ihnen das Pflügen und Kämmen des Landes beibrachten, um es fruchtbar zu machen. Selbst der Anführer dieser ersten Gruppe, Israel Belkind, gewöhnte sich nie an die landwirtschaftliche Arbeit und verbrachte sein Leben als Wanderlehrer. Diese palästinensischen Bauern dachten zweifellos, sie würden ahnungslose junge Idealisten vor dem fast sicheren Hungertod retten, und hatten wahrscheinlich keine Ahnung, wie das zionistische Projekt sie wahrnahm. Doch selbst in der frühen zionistischen Propaganda wurden die Palästinenser bestenfalls als Fremde in ihrem eigenen Heimatland dargestellt, schlimmstenfalls als unrechtmäßige Aneigner eines Landes, das seit der Zeit des Alten Testaments rechtmäßig dem jüdischen Volk gehörte. Schon zu diesem Zeitpunkt betrachteten zionistische Denker die Bewegung nach Palästina nicht nur als verzweifelte Flucht vor dem Antisemitismus in Europa. Sie sahen darin die Grundlage für die Übernahme Palästinas.

Am Ende der osmanischen Herrschaft im Jahr 1918 machten jüdische Siedler etwa 5 bis 6 % der Bevölkerung aus. Sie waren zwar noch eine Minderheit, aber eine organisierte.

Gleichzeitig mit der Entwicklung in Palästina begannen Zionisten in Europa in den Machtzentren für eine jüdische Heimstätte zu werben und betrieben im Wesentlichen Regierungsdiplomatie. Angeführt wurden diese Bemühungen von Theodor Herzl, einem österreichischen Juden, Journalisten und Dramatiker, der als einer der Gründerväter und treibenden Kräfte des modernen zionistischen Projekts in die Geschichte einging. Er versuchte, eine klare politische Struktur zu etablieren, um die zionistischen Ziele zu erreichen. Zu diesem Zweck berief er 1897 den ersten Zionistenkongress in Basel ein, der ein Programm zur Errichtung einer Heimstätte für das jüdische Volk in Palästina verabschiedete. Das Programm erwähnte nicht, was mit den Palästinensern geschehen würde, wenn eine solche Heimstätte errichtet würde. Herzl war jedoch offensichtlich nicht optimistisch, was eine friedliche Koexistenz betraf. In seinen Tagebüchern aus dem Jahr 1895 äußerte er die Hoffnung, dass die »mittellose Bevölkerung«, d. h. die armen Palästinenser, über die Grenzen in die Nachbarländer »geschafft« werden sollte.

Herzl rechnete damit, dass das Osmanische Reich unter dem Druck der europäischen Mächte bereit sein würde, Palästina der zionistischen Bewegung zu überlassen. Er bot der osmanischen Regierung im Gegenzug für ein solches Abkommen sogar Geld an – das er eigentlich nicht besaß. Doch die Osmanen lehnten ab. Als der Traum vor seinen Augen verschwand, änderte

Herzl seine Meinung und schlug der britischen Regierung vor, der jüdische Staat müsse nicht in Palästina sein; er könne auch in Uganda angesiedelt werden, das damals unter britischer Kontrolle stand. Die britische Regierung war diesbezüglich verhandlungsbereit, doch als Herzl diesen Vorschlag auf dem Zionistenkongress 1903 vorbrachte, hätte dies beinahe zu einer Spaltung der Bewegung geführt. Herzls Gesundheit verschlechterte sich zu diesem Zeitpunkt, und er starb 1904. Er ist im heutigen Israel begraben. 1905 lehnte der Zionistenkongress den Uganda-Plan endgültig ab. Von nun an würde die jüdische Heimat in Palästina oder nirgendwo liegen.

Andere führende zionistische Ideologen wie David Ben-Gurion und Menachem Ussischkin legten wenig Wert auf die Anerkennung der Regierungen, weder der Briten noch der Osmanen. Aus ihren Tagebüchern geht hervor, dass sie sich sogar in der ersten Phase der zionistischen Kolonisierung Palästinas (1882–1918) ein Palästina ohne die Palästinenser vorstellten und offen darüber diskutierten, wie dies erreicht werden könnte. Anders als Herzl, der keine besondere Zuneigung zu Palästina als Ort empfand, ließen sie sich auch selbst in Palästina nieder. Die von Herzl energisch angestrebte internationale Legitimität war ihnen nicht so wichtig. Für sie war die Schaffung von Fakten vor Ort das Wichtigste. Alles Weitere würde sich daraus ergeben.

Chaim Weizmann folgte Herzl als Führer der offiziellen zionistischen Bewegung. Er war ein russischer Emigrant, der nach Manchester, England, emigrierte. Als er die Führung der Bewegung übernahm, verstand er, dass seine Rolle darin bestand, sowohl in Großbritannien als auch in den USA eine starke pro-zionistische Lobby aufzubauen. Eine solche Lobby war notwendig, denn egal wie oft Propagandisten behaupteten, Palästina sei leer, war es offensichtlich nicht. Er musste eine Lobby aufbauen, die Großbritannien davon überzeugen konnte, die Bestrebungen der einheimischen Palästinenser zu ignorieren und dort bei der Gründung eines jüdischen Staates zu helfen. Dieser sollte den Briten als Bollwerk gegen das Osmanische Reich, einen europäischen Außenposten im Nahen Osten, verkauft werden.

Der Ausbruch des Ersten Weltkriegs erschwerte diese Aufgabe erheblich. Großbritanniens wichtigster Verbündeter in der arabischen Welt war die Haschemiten-Dynastie. Die Haschemiten herrschten über die beiden heiligsten Stätten des Islam: Mekka und Medina. Im Jahr 1916 ließen sie sich zu einem Aufstand gegen das Osmanische Reich überreden und kämpften damals an der Seite Deutschlands und Österreich-Ungarns. Großbritannien hatte ihnen versprochen, ihnen als Vertreter der paläo-arabischen Nationalbewegung die unter osmanischer Herrschaft stehenden arabischen Gebiete zu überlassen. Zu diesen Gebieten gehörte auch Palästina.

Hätte Großbritannien sein Wort halten wollen, wäre die moderne Geschichte des Nahen Ostens völlig anders verlaufen. Doch während des Ersten Weltkriegs begann Weizmann, Verbindungen zwischen der zionistischen Bewegung und der britischen Regierung aufzubauen. Er schätzte richtig ein, dass Großbritannien für die Zukunft Palästinas von entscheidender Bedeutung war. Großbritannien blickte bereits auf das Ende des Zweiten Weltkriegs und den mutmaßlichen Untergang des Osmanischen Reiches voraus und wollte den Nahen Osten neugestalten. Palästina würde eine entscheidende Rolle beim Schutz der britischen imperialen Interessen in der Region spielen.

Weizmann baute in Großbritannien eine prozionistische Lobby auf, die sich aus frommen Christen zusammensetzte, die an die »Rückkehr der Juden« nach Palästina als Erfüllung von Gottes Willen glaubten, aus Antisemiten, die die Juden aus Großbritannien haben wollten, und aus anglo-jüdischen Aristokraten, die selbst nur ungern nach Palästina ausgewandert wären, es aber als geeignetes Ziel für osteuropäische Juden aus der Arbeiterklasse betrachteten, die sie für kommunistische Unruhestifter hielten. Mit anderen Worten: Das Einzige, was diese Menschen gemeinsam hatten, war der Wunsch, einen jüdischen Staat zu gründen.

Es dauerte zwei Jahre – zwischen 1915 und 1917 – bis die zionistische Lobby die britische Regierung davon überzeugen konnte, dass ein jüdisches Palästina ein strategischer Vorteil für das Empire wäre. Den Ausschlag gab für Großbritannien die Erkenntnis, dass Palästina für die Verteidigung des Suezkanals in Ägypten von entscheidender Bedeutung sein könnte. Ein friedliches Regierungsregime war daher unerlässlich. Die Imperialisten wollten Palästina aus strategischen Gründen, christliche Evangelisten wollten Palästina, um das Ende der Zeiten herbeizuführen, und die jüdische Führung wollte es als sicheren Hafen für die Juden Russlands und als Mittel zur energischen Modernisierung des Judentums. Um die neue Epoche zu überleben, so dachten sie, müsse das Jüdischsein eine Nationalität und keine Religion sein.

Am 2. November 1917 gab die britische Regierung die Balfour-Deklaration ab, in der sie versprach, Palästina zur »Heimat des jüdischen Volkes« zu machen und gleichzeitig die bürgerlichen und religiösen Rechte der »bestehenden nichtjüdischen Gemeinschaften« in Palästina, d. h. der einheimischen Mehrheit, zu schützen. Bei dieser Erklärung handelte es sich in Wirklichkeit um einen Brief des britischen Außenministers Arthur Balfour an den inoffiziellen Führer der anglo-jüdischen Gemeinde, Lord Rothschild. Arthur Balfour gab dieses Versprechen nicht aus Sorge um das Wohl der Juden. Als Premierminister im Jahr 1905 drängte er vielmehr auf den Aliens Act von 1905, Einwanderungsbeschränkungen, die osteuropäische Juden an der Einreise nach Großbritannien hindern sollten. Die Umleitung verfolgter Juden nach Palästina, einem Land, um das er sich ebenso wenig sorgte, schien die ideale Lösung zu sein.

Großbritannien ging neben Frankreich und den USA als Sieger aus dem Ersten Weltkrieg hervor. Das Bündnis konnte nun die Gebiete des gefallenen Osmanischen Reiches nach Belieben aufteilen. Um dem einen Anschein internationaler Legitimität zu verleihen, gründete der Sieger den Völkerbund, im Prinzip eine internationale Organisation, die sich der Wahrung des Weltfriedens verschrieben hatte. Hier wurde das Mandatssystem entwickelt, in dem der Völkerbund einem Mitgliedsstaat ein »Mandat« erteilte, eine ehemalige Kolonie oder ein Gebiet, das zuvor zum besiegten Reich gehörte, zu regieren. Dies war als Kompromiss zwischen Großbritannien und Frankreich gedacht, die ihre Triumphe als Chance zur Expansion ihrer Imperien betrachteten, und den USA, deren Präsident Woodrow Wilson sich dafür ausgesprochen hatte, dass die anderen Nationalitäten des Osmanischen Reiches »eine absolut ungehinderte Möglichkeit zur autonomen Entwicklung« erhielten. Theoretisch sollten die Mandatsgebiete des ehemaligen Osmanischen Reiches nur so lange von der alliierten Verwaltung profitieren, bis sie eigenständig agieren konnten und als auf dem Weg zur vollständigen Unabhängigkeit anerkannt wurden. Der Irak beispielsweise erlangte 1933 seine Unabhängigkeit, der Libanon folgte 1943 und Syrien wurde 1946 die Unabhängigkeit gewährt. Nur Palästina blieb außen vor – eine direkte Folge des alten britischen Versprechens in der Balfour-Erklärung.

Ende 1918 hatte Großbritannien die Besetzung des historischen Palästinas, des heutigen Israels, des Westjordanlands und des Gazastreifens abgeschlossen. Palästina stand nun unter britischer Militärherrschaft. 1922 verlieh der Völkerbund Palästina den offiziellen Status eines britischen Mandatsgebiets, obwohl Großbritannien es bereits seit zwei Jahren de facto als Mandatsgebiet regierte. Das vom Völkerbund vereinbarte Mandat griff den Wortlaut der Balfour-Erklärung auf und wies die Briten an, »die Errichtung einer jüdischen nationalen Heimstätte sicherzustellen« und »jüdische Einwanderung unter geeigneten Bedingungen zu erleichtern«.

Die Briten versuchten, die Struktur ihrer anderen Mandatsgebiete zu übernehmen. An der Spitze des Mandatsgebiets stand der Hochkommissar der Mandatsmacht. Es gab damals eine Regierung und ein Parlament, die sich aus den Einwohnern des Mandatsgebiets zusammensetzten und nur über begrenzte Befugnisse verfügten, aber sehr streng von den Beratern der europäischen Mandatsmacht beaufsichtigt wurden.

Doch es war Großbritannien nicht möglich, dieses Modell in Palästina umzusetzen. Großbritannien konnte zwar einen Hochkommissar, Herbert Samuel, ernennen, doch die Regierungsbildung erwies sich als weitaus schwieriger – keine der beiden Seiten war mit den britischen Vorschlägen zufrieden. Die Palästinenser lehnten einen Legislativrat ab, der an die Annahme der Balfur-Erklärung geknüpft gewesen wäre und in dem sie stets überstimmt worden wären. Sie lehnten auch alle Vorschläge für eine »Arabische Agentur« ab, analog zur Jewish Agency zur Steuerung der Einwanderung, da diese die Palästinenser im Grunde wie eine Minderheit in ihrem eigenen Land behandeln würde. Nachdem keine Einigung erzielt werden konnte, lagen sämtliche Machtbefugnisse, sowohl die Exekutive als auch die Legislative, beim Hochkommissar und seinem Büro.

Zu Beginn des britischen Mandats machten Juden etwa 11 % der Bevölkerung aus. Doch ihnen war vom Völkerbund und in der von den Briten ausgearbeiteten palästinensischen Verfassung Palästina als ihre zukünftige Heimat versprochen worden. Während der Jahre der britischen Herrschaft versuchte die britische Regierung, die Zustimmung der Palästinenser zum Verlust ihres eigenen Landes zu erzwingen, indem sie »Lösungen« wie eine Teilung, eine Föderation und die Gründung eines binationalen Staates anbot. Sie boten nicht an, das verbindliche Prinzip zu respektieren, dass die Mehrheit der Bevölkerung eines Landes das Recht hat, über seine Zukunft zu entscheiden, wie es in allen anderen benachbarten arabischen Ländern der Fall war. Und selbst als die palästinensische Führung bereit war, die Anwesenheit jüdischer Siedler in einem zukünftigen Palästina zu akzeptieren, wagte Großbritannien nicht, der zionistischen Bewegung eine Lösung aufzuzwingen, die nicht einen jüdischen Staat über einen Teil oder ganz Palästina beinhaltete.

# 2 DIE RUHIGEN JAHRE 1918–1926

Die Palästinenser wollten nicht, dass ihr Land ganz oder teilweise an jüdische Einwanderer auf der Grundlage diplomatischer Abkommen, an denen sie keinen Einfluss hatten, übergeben würde. Zwischen 1918 und 1920, während der britischen Militärherrschaft, begannen sich palästinensische Denker und Aktivisten in muslimisch-christlichen Vereinigungen zu organisieren. Diese wurden gegründet, um für Selbstverwaltung einzutreten und sich der Umsetzung der Balfour-Erklärung zu widersetzen. 1919 schlossen sich diese Organisationen unter dem Namen Palästinensisch-Arabischer Kongress zusammen.

Allein die Existenz des Palästinensischen Arabischen Kongresses widerlegt zwei Mythen, die oft von Unwissenden verbreitet werden: dass es sich um einen Konflikt zwischen Muslimen und Juden handelt und dass Palästina vor 1948 keine eigene nationale Identität hatte.

Seit Beginn der palästinensischen Nationalbewegung haben Christen eine entscheidende Rolle gespielt.

Bereits 1911 gründeten zwei orthodoxe Cousins die Zeitung *Falastin*, die sich für ein arabisches Palästina einsetzte und frühzeitig vor zionistischen Ambitionen warnte. Dies sollte uns zu denken geben, denn auch heute noch besteht in Israel die verbreitete Ansicht, Palästina habe vor der Staatsgründung Israels keine nationalistische Geschichte gehabt. 1972 sagte die israelische Premierministerin Golda Meir: »So etwas wie das palästinensische Volk gibt es nicht.« Zu viele Israelis vertreten diese Ansicht noch heute.

In den Jahren 1918–1920 entstand auch eine neue palästinensische Zivilgesellschaft, die politische Organisationen, Jugendclubs und arabische Zeitungen umfasste. Diese Gruppen schlossen sich im Palästinensisch-Arabischen Kongress zusammen, der als palästinensisches Vertretungsorgan fungierte. Anfang 1919, während die Pariser Friedenskonferenz noch andauerte, trat der Kongress zusammen und forderte den Verzicht auf die Balfour-Erklärung. Palästina wurde als Teil eines unabhängigen arabischen Syriens betrachtet. Wie wir sehen, herrschte jedoch über religiöse Grenzen hinweg Einigkeit gegen den Versuch, einen neuen Staat zu gründen.

Die Briten reagierten auf diese Entwicklungen mit der Schaffung eigener Institutionen. Im Dezember 1921 gründete der Hochkommissar Herbert Samuel den Obersten Muslimischen Rat, der Autorität über muslimische Gerichte und muslimisches Land haben sollte – die Briten versuchten nicht, Palästina nach Religion aufzuteilen. Die am Rat teilnehmenden Muslime blieben jedoch hochpolitisch und der palästinensischen Sache sehr verpflichtet. Der Großmufti von Jerusalem, die höchste muslimische religiöse Autorität des Landes, Hadsch Muhammad Amin al-Husayni, wurde zum Vorsitzenden dieses Rates ernannt – was ihn zu einer der einflussreichsten Personen in Palästina machte. Er nutzte seinen Einfluss und seine Autorität, um hinter den Kulissen für den Nationalismus zu mobilisieren.

Vor der Formalisierung des Mandats hofften die Palästinenser noch, mit den Briten zusammenarbeiten zu können, um ihre künftige Unabhängigkeit zu sichern. Doch zwei Ereignisse zerstörten diese Illusion.

Im April 1920 marschierte eine rechtsgerichtete Gruppe von Zionisten unter der Führung von Zeév Jabotinsky durch das muslimische Viertel der Jerusalemer Altstadt, während die Muslime die Geburt des Propheten Moses feierten. Jabotinsky, die heimlich jüdischen Männer in »Selbstverteidigungsorganisationen« bewaffnet hatte, hatte für März einen Pogrom vorhergesagt und tat sein Bestes, um die Spannungen zwischen Muslimen und Juden zu schüren.

Im Vorfeld des Aprils veröffentlichte die hebräische Presse Artikel, die für den Bau eines dritten jüdischen Tempels auf dem Heiligen Berg warben, dem Standort des zweiten Tempels, der 70 n. Chr. von den Römern

zerstört worden war. Dies würde den Abriss des Harams al-Sharif-Komplexes bedeuten, der drittheiligsten
Stätte des Islam, von der aus der Prophet Mohammed
in den Himmel aufgefahren sein soll. Die konkurrie-
renden religiösen Ansprüche auf diese Stätte sind noch
immer nicht zufriedenstellend beigelegt worden und
könnten jederzeit einen größeren Konflikt auslösen,
der weite Teile der muslimischen Welt betrifft, sollte
sich die israelische Regierung für einen kompromiss-
losen Weg entscheiden. Vor einigen Jahren mag dies
als unbegründete Panikmache erschienen sein. Doch
seit November 2022 gibt es in der israelischen Regierung zwei politische Parteien, die sich für den Bau des
dritten Tempels auf dem Heiligen Berg einsetzen. Die
Gefahr eines umfassenden Konflikts ist nun viel größer,
als uns lieb ist. Bereits 1920 führten diese Provokationen zu Straßenkämpfen zwischen jungen Arabern und
jungen Juden und vertieften die Kluft zwischen der ansässigen Bevölkerung und den kürzlich angekomme-
nen Zionisten.

Die Palästinenser versuchten mit allen ihnen zur Ver-
fügung stehenden Mitteln, sich gegen die Umsetzung
der Balfour-Erklärung zu organisieren. Eine weitere
Welle der Gewalt ereignete sich im Mai 1921 in Jaffa im
Anschluss an die Demonstrationen vorgeblich marxis-
tischer jüdischer Siedler am 1. Mai, die angeblich die
Einheit der Arbeiter feiern sollten. Sie kamen aus Tel

Aviv, der von Siedlern dominierten Stadt neben Jaffa, und drangen immer weiter in die Stadt ein. Als sie durch ein palästinensisches Viertel marschierten, gaben die Briten Warnschüsse ab, um sie zu zerstreuen. Palästinenser, die einen unmittelbar bevorstehenden jüdischen Angriff auf ihr Viertel fürchteten, begannen, die Demonstranten anzugreifen, was zu einem Konflikt führte, bei dem 47 Juden und 48 Palästinenser getötet wurden. Diese beiden Wellen der Gewalt, beide durch Provokationen ausgelöst und durch Verwirrung aufrechterhalten, signalisierten, dass die Ruhe in Palästina angesichts eines aktiven Kolonisierungsversuchs nicht von Dauer sein konnte.

Dennoch herrschte bis 1929 im Mandatsgebiet Palästina relativer Frieden. Die Spannungen brodelten, erreichten jedoch nicht den Siedepunkt. Die Zionisten nutzten die Ruhe jedoch aus, um Fakten zu schaffen und ihren zukünftigen Staat zu einer vollendeten Tatsache zu machen. Dieses Unterfangen hätte katastrophale Folgen für das palästinensische Volk.

Der britische Hochkommissar unterstützte die Zionisten beim Aufbau der Infrastruktur für ihren zukünftigen Staat, während die palästinensischen Angelegenheiten in britischer Hand blieben. Die Mandatsmacht gestattete den jüdischen Siedlern daher den Aufbau ihres eigenen Bildungssystems, ihrer eigenen Industrien und sogar ihres eigenen Militärs sowie aller anderen Dienstleistungen, die man als staatliche Aufgabe betrachtete. Gleichzeitig führten Zionisten wie Eliezer Ben-Yehuda die Wiederbelebung der hebräischen Sprache auf Kosten europäischer jüdischer Sprachen wie Jiddisch und Ladino an. In Echtzeit wurde eine neue jüdische ethnonationale Identität geschaffen.

Während die jüdische Gemeinschaft sich selbst überlassen blieb, um effektiv ihren eigenen Protostaat zu bilden, wurde die palästinensische Mehrheit wie koloniale Untertanen behandelt. Die britische Verwaltung zwang der hauptsächlich ländlichen muslimischen Bevölkerung ihr eigenes Bildungssystem auf und sorgte für eine lückenhafte staatliche Gesundheitsversorgung. Die staatliche Versorgung war der von zionistischen Organisationen aufgebauten Infrastruktur weit unterlegen. Darüber hinaus gestattete Großbritannien den Palästinensern nicht, eine echte einheimische Regierungselite aufzubauen, wie dies im Irak der Fall war.

Wie unterschiedlich die beiden Gemeinschaften behandelt wurden, wird deutlich, wenn man die britische Hochschulpolitik betrachtet. Die Mandatsverwaltung ermöglichte es der jüdischen Gemeinde, ihre bereits bestehende Universität, das Technion, in Haifa zu erhalten und 1918 die Hebräische Universität in Jerusalem zu errichten und 1925 zu eröffnen. Es wurden jedoch keine Mittel für den Bau von Universitäten für Palästinenser bereitgestellt.

Tatsächlich gab es während der Mandatszeit in ganz Palästina nur eine staatliche Einrichtung zur Lehrerausbildung: das Mens Teachers Training College, aus dem später das Arab College in Jerusalem hervorging. Die britische Regierung – aufgrund ihrer Erfahrungen in Indien und Ägypten – befürchtete, dass eine gebildete Bevölkerung zu schwer zu kontrollieren sein würde. Die Palästinenser wandelten diese Einrichtungen zur Lehrerausbildung dennoch in Quasi-Universitäten um. 1925 konnte das Arab College seine Studenten auf die Immatrikulationsprüfung vorbereiten, um ihnen die Einschreibung an Universitäten außerhalb Palästinas zu ermöglichen. Das College war sehr selektiv und bot hervorragende akademische Leistungen. Viele ihrer Absolventen verfolgten angesehene Karrieren in benachbarten arabischen Ländern und darüber hinaus. Hätte es die Katastrophe von 1948 – und die gewaltsame Unterdrückung der Vision eines palästinensischen Staates – nicht gegeben, wären diese Persönlichkeiten mit ziemlicher Sicherheit Palästinas zukünftige Regierungselite gewesen. Stattdessen wurden ihre Talente in Ländern wie dem Irak, dem Libanon und darüber hinaus eingesetzt.

Bedeutender noch: Die britische Regierung tolerierte nur verhalten die Gründung der zionistischen Bewegung ihrer eigenen paramilitärischen Truppe, der Hagana. Es gab auch Hinweise auf eine Zusammenarbeit zwischen britischen Sicherheitskräften und den zionistischen Paramilitärs, was bei den Palästinensern auf Ablehnung stieß. Gleichzeitig konnten sich die Palästinenser weder bewaffnen noch in nennenswertem Umfang organisieren.

Doch wie wir gesehen haben, war die zionistische Präsenz zu dieser Zeit noch relativ begrenzt. Die unlösbare Frage, wie man im Land eines anderen Volkes eine »jüdische Heimat« errichten könne, war noch ungeklärt, und die britische Position schien sich zu ändern. Besonders in der ersten Hälfte der 1920er Jahre blieb ein Zusammenleben der beiden Gemeinschaften möglich. Obwohl arabische Arbeiter aus der zionistischen Gewerkschaft Histadrut ausgeschlossen waren, kam es dennoch zu gemeinsamen Streiks arabischer und jüdischer Arbeiter, wie beispielsweise 1925 in der Schneiderei und Tischlerei in Haifa. Araber und Juden gründeten weiterhin gemeinsam neue Unternehmen – über tausend wurden in diesem Jahrzehnt eröffnet. Es wurden konkrete Maßnahmen ergriffen. Doch die darauffolgende Katastrophe war nicht unvermeidlich. Sie wurde erst unvermeidlich, als sich der Charakter der zionistischen Bewegung grundlegend änderte, wie wir jetzt sehen werden.

# 3 WARUM BEGANN DIE ZIONISTISCHE BEWEGUNG MIT ETHNISCHEN SÄUBERUNGEN?

Mitte der 1930er Jahre orientierte sich die zionistische Bewegung nicht mehr nur an der Erlangung einer Heimat, in der Juden sicher und auf die Gnade größerer imperialistischer Mächte angewiesen wären, sondern an der eigenständigen Kolonisierung Palästinas und der schamlosen Enteignung der einheimischen Bevölkerung. Darüber hinaus begann sie, diese Enteignung als notwendig für die Erlangung dieser Heimat zu betrachten. Die ethnische Säuberung Palästinas wird selten auf die Mitte der 1920er Jahre datiert, doch was damals geschah, legte den Grundstein für alles, was folgte.

Bis 1929 stellte die zionistische Bewegung viele Jahrzehnte alte Debatten über Landbesitz seit den osmanischen Reformen Mitte des 19. Jahrhunderts auf den Kopf. Wie wir gesehen haben, ermöglichten diese Reformen, die bedeuteten, dass Land nicht länger vom Staat gepachtet wurde, den Wohlhabenden, private Grundbesitzer zu werden. In der Praxis konnten einzelne Bauern nicht immer Besitzurkunden vorweisen, da sie kollektiv auf den Namen des Dorfes registriert waren, was ihre Vertreibung erleichterte – die Bauern hatten wenig Gründe, Ansprüche auf ihr Land bei der Regierung anzumelden. Auf diese Weise gelangten große Teile des Landes in den Besitz einer Handvoll Grundbesitzer, von denen viele außerhalb Palästinas lebten und heute als »abwesende Grundbesitzer« bezeichnet werden. Einige wenige waren palästinensische Honoratioren.

Diese Reformen zielten jedoch nie darauf ab, den Alltag der Landbevölkerung zu verändern. Mit dem Landkauf gingen auch die Dörfer und die Dorfbewohner einher. Der Brauch schrieb den Dorfbewohnern bestimmte Verpflichtungen gegenüber dem Grundbesitzer vor – doch es stand außer Frage, dass die Dorfbewohner bleiben würden. Zumindest bis die britische Regierung die Regeln änderte.

1920 hob die britische Regierung zunächst viele bestehende Beschränkungen für Landkäufe auf, auch wenn sie angesichts des palästinensischen Widerstands zionistischen Landkäufen gewisse Grenzen setzte. In der Praxis bedeutete dies jedoch, dass die zionistische Bewegung so viel kaufen konnte, wie sie sich leisten konnte. Außerdem wurden palästinensische Dorfbewohner, von denen viele seit Generationen dasselbe Land bewirtschaftet hatten, zu Pächtern erklärt, wodurch ihre Anwesenheit vom Willen des Grundbesitzers abhängig wurde. Zwischen 1921 und 1925 kaufte der amerikanische Zion Commonwealth der Familie Sursock in Beirut 80 000 Acres Land im damaligen Marji ibn Amr (heute Jesreel-Tal). 1929 erwarb der Jüdische Nationalfonds dann rund 7 500 Acres im damaligen Wadi Hawarith zwischen Haifa und Tel Aviv, nachdem die Erben des ursprünglichen libanesischen Eigentümers ihre Schulden nicht begleichen konnten.

In beiden Gebieten vertrieben die neuen zionistischen Siedler die Dorfbewohner und Bauern, die das Land bewirtschaftet hatten, teils gewaltsam. Angetrieben von der Vorstellung, dass Juden das Land für sich selbst bewirtschaften, beantragten und erhielten die Zionisten von den britischen Behörden Räumungsbefehle. Damit begann die ethnische Säuberung Palästinas, die bis heute andauert.

Die Art und Weise, wie sich die zionistischen Siedlungen durch die Vertreibung der einheimischen Bevölkerung ausweiteten, deutete auf einen Wandel im Charakter des Zionismus hin. Was als Bewegung zur Rettung der Juden und zur Modernisierung des Judentums durch dessen Transformation in eine nationale Identität begann, war nun eindeutig ein siedlerkolonialisiertes Projekt, das auf der Unterwerfung eines anderen Volkes beruhte.

Lassen Sie mich erklären, was ich unter Siedlerkolonialismus verstehe. Im klassischen Kolonialismus werden die Kolonien von den Metropolen aus regiert – so wie Großbritannien in Indien oder Portugal in seinen afrikanischen Kolonien. Ziel ist es, die einheimische Bevölkerung zu loyalen Untertanen der Kolonie zu machen; die Kolonisatoren streben nie danach, die dominierende Mehrheitsbevölkerung in der Kolonie zu werden. Im Siedlerkolonialismus hingegen zielt der Kolonisator darauf ab, die einheimische Gesellschaft vollständig durch die Gesellschaft des Kolonisators zu ersetzen. Siedler sind in ihren eigenen Metropolen häufig Ausgestoßene – schließlich wurde Nordamerika von Menschen kolonisiert, die vor religiöser Verfolgung in Europa flohen. Siedlerkolonialisten versuchen, eine Heimat aufzubauen, die sie akzeptiert. Und sie sind ein nützliches Mittel für imperiale Mächte, ihren eigenen Einflussbereich zu erweitern – indem sie in fernen Ländern zu freundlich gesinnten Regimen werden.

Das Problem ist, dass das Land nie leer ist. Für Siedler, die verzweifelt versuchen, ihre eigene Kultur und ihr Sozialsystem durchzusetzen, ist die indigene Bevölkerung, die sich so offensichtlich von ihnen unterscheidet, ein Hindernis, das es zu beseitigen gilt. Dies kann niemals ohne Brutalität geschehen. In Australien beispielsweise gab es in den 140 Jahren britischer Besiedlung mindestens 270 Massaker an der einheimischen Bevölkerung, zusätzlich zu bewaffneten Konflikten und zahlreichen Todesopfern durch Epidemien. Dieser Prozess ist jedoch nicht einfach ein Prozess roher Gewalt.

Siedler löschen die Geschichte der einheimischen Gesellschaften – sie datieren sie auf ihre eigene Ankunft zurück. Alte Bräuche verschwinden, und einheimische Lebensmittel werden als Eigentum der Siedler angeeignet. Kurz gesagt: Das Land ist nicht leer. Und so leeren die Siedler es.

Der verstorbene, bedeutende australische Siedlerkolonialismus-Experte Parick Wolfe beschrieb die Haltung der Siedler gegenüber den Einheimischen als »Logik der Eliminierung«. Er argumentierte, dass das siedlerkolonialistische Projekt, solange die Eliminierung nicht vollständig sei, versuchen werde, sie zu vollenden. Mit anderen Worten: Solange Israel an einem siedlerkolonialen Ethos festhält, wird es niemals friedlich mit den Palästinensern koexistieren können.

Diese Aktionen kommen nicht aus dem Nichts. Vor und während dieser Akte ethnischer Säuberung und des Völkermords erarbeiten die Siedler eine ideologische Rechtfertigung: Sie schaffen einen Konsens. Sie schreiben über ihre Absichten, manchmal direkt, manchmal viel indirekter. Wir können dies in scheinbar harmlosen Medien wie der Malerei beobachten. Frühe zionistische Maler stellten die Landschaft ihrer zukünftigen Heimat ohne palästinensische Dörfer dar. Die Dörfer trübten die Fantasie, und so mussten sie verschwinden. Wie rechtfertigten die Zionisten ihre Haltung gegenüber der einheimischen Bevölkerung?

Wie andere Siedlerkolonialisten setzten sie auf die Entmenschlichung der einheimischen Bevölkerung, die als »Wilde« oder »Primitive« dargestellt wurde. Ein besonders wirksames Motiv in Palästina war das der »Nomaden« – Menschen ohne jegliche Bindung an das Land. Und das, obwohl viele Dörfer bereits seit Tausenden von Jahren existierten. Gleichzeitig behaupten Siedler, von edleren Zielen getrieben zu sein, z. B. die Vorteile der Modernisierung (und der Zivilisation) an einen rückständigen Ort zu bringen. Doch unterscheiden sich Siedlerkolonialisten in einem entscheidenden Punkt von klassischen Kolonialisten. Klassische Kolonialisten sahen sich selbst als Modernisierer des Landes, nicht der Menschen. Die Menschen waren eine Unannehmlichkeit, die man für den Zugang zum Land beiseiteschieben musste. Auch heute noch glauben viele Israelis an den Mythos, dass Palästina im Wesentlichen eine riesige Wüste war, bis der Zionismus kam und »die Wüste zum Blühen brachte«. Keine geringere Persönlichkeit als Ursula von der Leyen, Präsidentin der Europäischen Kommission, wiederholte dieses alte Klischee in ihrer Glückwunschbotschaft an Israel zum 75. Jahrestag. Wie wir gesehen haben, war Palästina keineswegs eine Wüste, und seine Völker waren weder Nomaden noch Primitive.

Während diese Illusionen verbreitet wurden, um das zionistische Projekt für Juden in Europa und anderswo schmackhafter zu machen, wussten zionistische Denker ganz genau, dass es eine einheimische Bevölkerung gab, mit der man sich auseinandersetzen musste. Schon lange vor den 1920er Jahren berieten zionistische Führer darüber, wie die palästinensische Bevölkerung umgesiedelt werden könnte. Einige der zionistischen Ideologen hofften, die Palästinenser würden gegen eine angemessene finanzielle Entschädigung freiwillig in die benachbarten arabischen Länder auswandern. Andernfalls blieb die Zwangsumsiedlung eine Option für sie. Zionistische Führer und Aktivisten entwickelten diese Gedankengänge von Mitte der 1920er Jahre bis 1948, als die Zeit gekommen war, sie in die Tat umzusetzen. Nun wurden zuvor vage Ideen in einen Masterplan umgesetzt, der zur ethnischen Säuberung der Hälfte der arabischen Bevölkerung Palästinas führen sollte.

Die massiven Landkäufe in den 1930er Jahren und die damit verbundenen ethnischen Säuberungen beendeten die ruhigen Jahre. Gegen Ende des Jahrzehnts entwickelte sich ein deutlich angespannteres Verhältnis zwischen jüdischen Siedlern und Palästinensern. Gewaltsame Auseinandersetzungen häuften sich in den 1930er Jahren. Beide Seiten gerieten zudem mit den britischen Behörden aneinander, die sie ihrer Ansicht nach nicht ausreichend schützten.

Die Anzeichen einer sich anbahnenden Katastrophe waren bereits deutlich zu erkennen, als die nun landlosen Palästinenser, die von ihren fruchtbaren Farmen vertrieben worden waren, gezwungen waren, in die Städte zu ziehen.

Diese Palästinenser fielen den sogenannten »sozialistischen« zionistischen Gruppen der Hebräischen Arbeiterbewegung zum Opfer, die glaubten, Juden könnten sich nur durch produktive Arbeit modernisieren. Daher wollten sie, dass die landwirtschaftliche Arbeit ausschließlich Juden vorbehalten bliebe. Selbst jüdische Arbeitgeber palästinensischer Landarbeiter widersetzten sich dieser Politik, da sie darauf hinauslief, erfahrene Arbeitskräfte zugunsten von Siedlern zu entlassen, die möglicherweise noch nie zuvor auf einem richtigen Bauernhof gearbeitet hatten. Landbesitzer mit dieser Einstellung wurden jedoch so lange angegriffen und öffentlich an den Pranger gestellt, bis sie nachgaben. Und so suchten die verarmten und enteigneten Palästinenser Arbeit in den Städten.

1929 eskalierten die Spannungen katastrophal.

# 4 DIE EREIGNISSE VON 1929

Die Ereignisse von 1929 sind den Palästinensern als Al-Buraq-Revolution (Thawrat al-Buraq) bekannt. Im Islam ist Al-Buraq ein geflügeltes Halbesel-Maultier, das Mohammed von Mekka nach Jerusalem und von Jerusalem in den Himmel trug. Der Prophet Mohammed band Al-Buraq der Überlieferung nach an einen Riss in der Westmauer – und umschloss damit nach jüdischer Tradition den Standort des zweiten Tempels. Zionisten sprechen natürlich von einem Aufstand.

Wie 1920, als Zionisten durch das muslimische Viertel marschierten, begannen die Unruhen in der Altstadt Jerusalems. Seit Herbst 1928 hatten Zionisten die muslimische Kontrolle über den Zugang zum Heiligen Berg oder Haran al-Sharif immer lautstark angefochten. Am 15. August 1929 inszenierten die Hagana und von Jabotinsky inspirierte revisionistische Zionisten Demonstrationen an der Mauer, was die Muslime am nächsten Tag zu Gegendemonstrationen mobilisierte. Inmitten von Gerüchten und gezielter Aufwiegelung kam es im Laufe der Woche zu gewalttätigen Zwischenfällen zwischen Muslimen und Juden, die in der Ermordung von 17 Juden nach dem Freitagsgebet der Muslime am 23. August gipfelten. Dies löste eine Kettenreaktion aus und innerhalb einer Woche verloren 133 Juden und 116 Palästinenser in dem darauffolgenden Chaos ihr Leben. Die Gewalt blieb nicht auf Jerusalem beschränkt; Es breitete sich auf andere Städte aus, am bekanntesten war das Massaker von Hebron.

Die Juden von Hebron waren Teil der kleinen jüdischen Minderheit, die viele Jahrhunderte vor dem Aufkommen des Zionismus in Palästina existierte. Sie lebten friedlich mit der muslimischen Gemeinschaft zusammen. Beide Gemeinschaften glauben an die Heiligkeit Hebrons, da es die Ruhestätte des Propheten Abraham ist, der in beiden Religionen verehrt wird. Junge zionistische Jeschiwa-Studenten in moderner europäischer Kleidung waren jedoch unwillkommene Ankömmlinge. Als sich die Nachrichten aus Jerusalem verbreiteten, strömten Muslime aus Dörfern außerhalb Hebrons in die Stadt. 67 Juden wurden massakriert, obwohl einige erfolgreich in den Häusern sympathisierender muslimischer Familien Unterschlupf fanden. Nun wird das Massaker von Hebron, eine schreckliche Gräueltat, von der offiziellen israelischen Propaganda als Waffe instrumentalisiert, um zu »beweisen«, dass Koexistenz nicht möglich ist, und, ironischerweise, um die nachfolgenden Massaker an Palästinensern zu rechtfertigen.

Obwohl der unmittelbare Auslöser der Ereignisse von 1929 religiöser Natur war, breiteten sich die Unruhen rasch und mit verheerender Wirkung aus, als die Palästinenser miterlebten, wie die soziale Ordnung vor ihren Augen zusammenbrach. Es war ein Ausbruch der Frustration nach einem Jahrzehnt, in dem die zionistische Bewegung große Fortschritte gemacht hatte. In diesem Jahrzehnt konnten die Palästinenser auf dem Land erkennen, was allen bevorstand: ethnische Säuberungen und gezielte Verelendung.

Als immer mehr Palästinenser aus der Landwirtschaft vertrieben wurden, entstanden Elendsviertel. In den Elendsvierteln von Haifa im Norden Palästinas formierte sich eine neue Form des palästinensischen Widerstands gegen den Zionismus und seine britischen Komplizen: der Guerillakrieg.

Hier betrat ein charismatischer Prediger die Bühne, Imam Izz al-Din al-Quassam. Der Name kommt Ihnen vielleicht bekannt vor. Der militärische Flügel der Hamas ist nach ihm benannt, ebenso wie ihre ersten Raketen. Viele säkulare palästinensische Widerstandsgruppen ehren jedoch auch sein Erbe, indem sie in einem aussichtslosen Kampf gegen die Briten die Methoden des Guerillakriegs in den palästinensischen Kampf einführten.

Al-Qassam wurde 1882 in Syrien geboren. 1919/20 schloss er sich dem Aufstand gegen die französische

Besatzung an und kämpfte in den Bergen gegen sie. Die Franzosen erkannten, dass er eine Bedrohung darstellte, und verurteilten ihn zum Tode. Ende 1920 floh er vor den Franzosen und ließ sich in Haifa nieder. Er predigte in der Istiqul-Moschee, die noch heute steht, und unterrichtete an einer muslimischen Schule. Er machte sich schnell einen Namen.

Al-Qassam, dank seines antikolonialen Hintergrunds, konnte junge Muslime, die in den Elendsvierteln rund um Haifa lebten, für die Gründung eigener paramilitärischer Gruppen begeistern. Sie wollten sich auf einen langwierigen Kampf gegen den britischen Kolonialismus vorbereiten. Angesichts des starken Zustroms jüdischer Einwanderer und der zunehmenden Überwachung durch die britischen Behörden war er jedoch gezwungen, frühzeitig seine Position zu zeigen. In den Hügeln nahe Dschenin wehrten er und elf andere im November 1935 mehrere Stunden lang eine weit überlegene britische Streitmacht ab, bis al-Qassam und vier weitere gefallen waren. Haifa rief bereits am nächsten Tag einen Generalstreik aus. Sein Grabmal kann noch heute in der Nähe der jüdischen Stadt Nesher, dem damaligen Balad-al-Sheikh, besichtigt werden.

Sein Tod inspirierte immer mehr junge Palästinenser, zu den Waffen zu greifen und sich auf einen Krieg gegen Britain vorzubereiten, um dieses zur Aufgabe seiner zionistischen Politik zu zwingen. Er sorgte zudem für mehr Einheit in der palästinensischen politischen Führung, die zuvor entlang familiärer Linien zwischen den Husaynis und den Nashashibis gespalten war. Obwohl der militärische Aufstand von al-Qassam zum Scheitern verurteilt war, ebnete er den Weg für den organisierteren Widerstand, der in der zweiten Hälfte der 1930er Jahre folgen sollte.

# 5 DER GROSSE ARABISCHE AUFSTAND 1936–1939

Nach 1929 erkannten die Briten, dass es sich bei dem, was sie zu lösen versuchten, um einen Konflikt zwischen zwei Völkern handelte, denen sie Verpflichtungen gegenüber eingegangen waren. Sie entsandten zwei Untersuchungskommissionen, um die Ursachen des Gewaltausbruchs von 1929 zu untersuchen. Eine wurde von Sir Walter Shaw und die andere von Sir John Hope Simpson geleitet. Die Shaw-Kommission kam zu dem Schluss, dass die Gewalt das Ergebnis des zionistischen Plans zur Enteignung der palästinensischen Bauern und der grundsätzlichen Ablehnung des Zionismus durch die Palästinenser war. Die anschließend durchgeführte Hope-Simpson-Untersuchung kam zu ähnlichen Schlussfolgerungen. Der Abschlussbericht empfahl, die jüdische Einwanderung in Palästina zu begrenzen.

Die britische Regierung nahm die Ergebnisse dieser Kommissionen zunächst sehr ernst und war bereit, ihren Kurs zu ändern. Im Oktober 1930 legte Lord Passfield (Sidney Webb) ein Weißbuch vor, das weitere

Landkäufe und Einwanderungsbeschränkungen seitens der Zionisten vorschlug und zionistische Organisationen scharf für die Verschärfung der arabischen Arbeitslosigkeit kritisierte. Dies stellte einen dramatischen Kurswechsel in der Regierungspolitik dar. Doch schon 1930 gab es in Großbritannien eine sehr einflussreiche prozionistische Lobby. Unter dem Druck von Chaim Weizmann, dem damaligen Führer der Zionistischen Weltorganisation, veröffentlichte der britische Premierminister Ramsy MacDonald Anfang 1931 einen Brief als »Klarstellung« des Weißbuchs; in Wirklichkeit war dies ein Widerruf. Die prozionistische Politik in Palästina sollte ungehindert fortgesetzt werden.

Das Versprechen eines Wandels, das schnell zurückgezogen wurde, goss Öl ins Feuer auf palästinensischer Seite. Sie versuchte, die Strategien der zionistischen Lobby nachzuahmen, war jedoch bei weitem nicht so gut ausgestattet. Zwischen 1930 und 1936 versuchten die Palästinenser, die britische Politik durch Petitionen, Demonstrationen und Konferenzen in London zu ändern – alles vergeblich.

1936 wusste die palästinensische Führung, dass etwas Wirksameres nötig war. Ein Dachverband aller palästinensischen politischen Organisationen, das Arab-Higher Committee, rief im April 1936 zu einem sechsmonatigen Nationalstreik auf und forderte ein Ende der jüdischen Einwanderung und Landkäufe sowie die Gründung einer palästinensischen Nationalregierung. Die jüngeren und ländlicheren Elemente des palästinensischen Widerstands beließen es nicht bei Streikaktionen. Sie inszenierten einen umfassenden Aufstand, der sich gegen britische und jüdische Streitkräfte richtete. Es dauerte drei Jahre, bis der Aufstand niedergeschlagen wurde.

Großbritannien setzte rohe Gewalt ein, um den Aufstand niederzuschlagen, darunter auch Luftangriffe der Royal Air Force. Darüber hinaus setzte es Modelle kollektiver Bestrafung ein, die uns allen heute aus den Szenen im besetzten Westjordanland und dem Gazastreifen bekannt sind. Am schockierendsten war im Juni 1936 die Sprengung von über zweihundert Gebäuden in der Altstadt von Jaffa durch die britische Armee, wodurch über sechstausend Palästinenser obdachlos wurden. Tausende Palästinenser wurden getötet, viele verhaftet und verwundet. Die militärischen Führer, die man als Drahtzieher des Aufstands verdächtigte, wurden rücksichtslos angegriffen, eine große Zahl von ihnen wurde getötet. Neben den Anführern verloren auch große Teile der militärischen Elite, die erfahrensten Kräfte auf palästinensischer Seite, ihr Leben. Das Ziel war nicht nur, den Aufstand niederzuschlagen. Es ging darum sicherzustellen, dass die Palästinenser nie wieder einen wirksamen Aufstand beginnen konnten. Und tatsächlich wurden die Palästinenser 1948 rasch von den vorrückenden zionistischen Kräften überwältigt, die Israel gründen wollten.

Einige Monate nach Beginn des Aufstands, während eines Waffenstillstands, entsandten die Briten eine Untersuchungskommission, die Peel-Kommission, um eine Lösung des Konflikts zu finden. Im Juli 1937 empfahl die Kommission die Teilung Palästinas und schlug mehr oder weniger die Schaffung eines kleinen zukünftigen jüdischen Staates neben Jordanien (damals bekannt als Transjordanien) vor, der die im Bericht als »arabische« Teile Palästinas bezeichneten Gebiete annektieren würde.

Orte von besonderer religiöser und strategischer Bedeutung sollten im Rahmen des Mandatssystems unter provisorischer britischer Herrschaft verbleiben, bis Verträge zwischen Großbritannien und den beiden neuen Staaten geschlossen würden. Was die verbleibende palästinensische Bevölkerung in dem für den jüdischen Staat vorgesehenen Gebiet – etwa eine Viertelmillion Menschen – betraf, wurde vorgeschlagen, sie nach Transjordanien umzusiedeln.

Es überrascht nicht, dass das Arabische Komitee diese Empfehlung vollständig ablehnte.

Die zionistische Bewegung vor Ort stand unter der Führung von David Ben-Gurion. Er vertrat den britischen Vorschlägen gegenüber eine versöhnlichere Haltung.

Obwohl andere Mitglieder der zionistischen Bewegung von ihm verlangten, die Empfehlung zurückzuweisen, war Ben Gurion aus zwei Gründen bereit, das den Zionisten angebotene, relativ kleine Gebiet als Staat anzunehmen. Wie er erklärte, waren die Juden noch immer eine kleine Gemeinschaft. Die Annahme der Empfehlungen schloss zukünftige Gebietseinnahmen nicht aus. Und zweitens kostete es ihn nichts, den Briten auf diese Weise ein Friedensangebot zu machen, da er mit absoluter Sicherheit wusste, dass die Palästinenser die Vorschläge ablehnen würden. Er dachte bereits voraus. Mit seinen engsten Vertrauten und seinem Sohn besprach er die Möglichkeiten der Zionisten, Palästinenser aus jüdischem Staatsgebiet zu vertreiben; er ahnte, dass die Briten ihn dabei nicht unterstützen würden.

Eine konkrete Lösung vor Ort blieb aus. Großbritannien erwog, den Peel-Vorschlag dem Völkerbund vorzulegen. Zuvor entsandte es 1938 eine weitere Untersuchungskommission, die Woodhead-Kommission, nach Palästina. Diese Kommission lehnte die von der Peel-Kommission empfohlene Teilung als völlig undurchführbar ab, da jede Teilung eine massive und gewaltsame Umsiedlung der palästinensischen Bevölkerung erforderlich machen würde. Die bevorzugte Lösung der Woodhead-Kommission sah einen kleinen jüdischen Staat, einen großen palästinensischen Staat und das Land im Norden und Süden sowie Jerusalem als

Mandatsgebiet vor. Diese sollten alle in einer Zollunion vereint werden. Dieser Vorschlag war sogar unter den Kommissionsmitgliedern umstritten. Kurz gesagt, die Woodhead-Kommission machte deutlich, dass es ohne große Ungerechtigkeit nicht möglich sei, den Großteil des Mandatsgebiets Palästina zu einem jüdischen Staat zu machen.

Nach dieser Erkenntnis war es einfacher, den Aufstand zu beenden, da die palästinensischen Führer hofften, Großbritannien würde endlich verstehen, dass es unmöglich war, den Palästinensern einen jüdischen Staat aufzuzwingen. Die britische Regierung veröffentlichte im Mai 1939 ein Weißbuch, das mehr oder weniger dies zum Ausdruck brachte. Darin hieß es, angesichts der mittlerweile über 450 000 in Palästina ansässigen Juden habe Großbritannien seine Verpflichtung aus der Balfur-Erklärung erfüllt, eine »nationale Heimstätte« bereitzustellen. Darin wurde empfohlen, dass Palästina innerhalb von zehn Jahren ein unabhängiger Staat werden und von Palästinensern und Juden gemeinsam regiert werden sollte. Die jüdische Einwanderung und der Landkauf sollten für mindestens die nächsten fünf Jahre eingeschränkt werden. Wie vorherzusehen war, war damit niemand zufrieden.

Die zionistische Führung lehnte das Weißbuch als völligen Widerspruch zu den in der Balfour-Erklärung eingegangenen Verpflichtungen ab. Der Palästinensisch-Arabische Hohe Ausschuss war enttäuscht, dass das Weißbuch weiterhin eine »jüdische nationale Heimstätte« befürwortete und lediglich eine begrenzte jüdische Einwanderung für fünf Jahre vorschlug. Nur wenige Monate nach dem Weißbuch marschierten Hitler und Stalin in Polen ein: Der Zweite Weltkrieg hatte begonnen. Großbritannien war sich sowohl Hitlers Versuche bewusst, neue unabhängige Staaten wie den Irak für sich zu gewinnen, als auch der Notwendigkeit, alliierte Truppen in Palästina als strategisch wichtigen Stützpunkt im Nahen Osten zu stationieren. Und so hielt Großbritannien die Türen Palästinas fest verschlossen, selbst als Juden im nationalsozialistisch besetzten Europa anderswo Zuflucht suchten.

Hitlers rasanter Vormarsch in Europa und der darauffolgende Massenmord an Juden verhärteten die zionistische Haltung. Sie wollten keinerlei Kompromisse mehr mit den Palästinensern eingehen. Im Mai 1943 erklärte die zionistische Führung im Bilmore Hotel in New York ihre Absicht, das gesamte historische Palästina in einen jüdischen Staat zu verwandeln. Der Ort New York ist bedeutsam. Die zionistische Bewegung erkannte, dass der Schlüssel zu Palästinas Zukunft möglicherweise nicht mehr lange in Großbritanniens Händen lag, da eine neue Weltmacht ins Rampenlicht trat. Die zionistische Bewegung wollte in den USA ebenso stark sein wie zuvor in Großbritannien.

Die Palästinenser hatten 1942 weder in Großbritannien noch in den USA etwas Vergleichbares zur zionistischen Lobby. Die palästinensische Führung hatte sich noch immer nicht von ihrer völligen Dezimierung während des Arabischen Aufstands erholt. Die meisten ihrer prominenten Politiker waren im Exil oder im Gefängnis. Die führende Persönlichkeit der palästinensischen Politik war damals Haj Muhammed Amin al-Husayni, der Großmufti von Jerusalem, der Anfang der 1920er Jahre zunächst von den Briten unterstützt worden war.

In den 1930er Jahren gründete er mit Mitgliedern seiner einflussreichen Familie sowie anderer lokaler Eliten seine eigene politische Organisation. Eine weitere palästinensische Gruppierung konzentrierte sich auf eine andere Elitefamilie, die Nashashibis. Diese und andere Gruppen waren im Arabischen Hohen Komitee vertreten, doch Haj Amin blieb die bekannteste Persönlichkeit und war dessen Vorsitzender.

Als der arabische Aufstand ausbrach, erklärte die britische Regierung das Komitee für illegal und enthob Haj Amin seines Amtes als Präsident des Obersten Muslimischen Rates. Im Juli 1937 erließen die britischen Behörden einen Haftbefehl gegen ihn. Nach einer Vorwarnung gelang ihm zunächst die Flucht nach Damaskus, doch 1941 landete er im nationalsozialistischen Deutschland, wo er Radiosendungen hielt, um arabische Muslime gegen die Briten zu mobilisieren. Zur Zeit des Zweiten Weltkriegs war er nicht der Einzige, der nach der Maxime handelte: Der Feind meines Feindes ist mein Freund. Sein Flirt mit den Nazis war kurz und unbedeutend und änderte nichts an den Kriegsanstrengungen. Seine Verbindung zu den Nazis wird jedoch in der israelischen Erzählung immer noch dazu benutzt, die palästinensische Befreiungsbewegung zu diskreditieren. Manchmal wird dies bis zum Absurden getrieben, etwa als Premierminister Benjamin Netanjahu behauptete, es sei Haj Amin gewesen, der Hitler auf die Idee zu den Todeslagern gebracht habe, und dass Hitler sonst die Juden einfach deportiert hätte.

Da Haj Amin im Exil war und der Rest der palästinensischen Führung größtenteils kriminalisiert war, konnte die zionistische Bewegung ungehindert und mit anglo-amerikanischem Segen für ein entarabisiertes Palästina agitieren.

Die Palästinenser verfügten schlicht nicht über einen mit den Zionisten vergleichbaren politischen Einfluss. Ihre einzige Hoffnung bestand nun darin, auf die Hilfe der benachbarten arabischen Länder zu setzen, doch sie selbst waren noch nicht als vollwertige Nationalstaaten etabliert.

Nach dem Holocaust, bei dem in ganz Europa über sechs Millionen Juden umkamen, hegten die europäischen Mächte, die ihr eigenes Gewissen reinwaschen wollten, noch weniger Sympathie für die Palästinenser. Dies geschah nicht aus besonderer Sorge um die Juden – mindestens 250 000 Juden schmachteten noch lange nach Kriegsende in Lagern für Vertriebene (DP-Lager) in Mitteleuropa. Doch aus Sicht Großbritanniens und der USA musste die Zukunft des jüdischen Volkes geregelt werden. Viele Überlebende des Holocaust hatten keine Heimat mehr, in die sie nach Europa zurückkehren konnten.

# 6 AUF DEM WEG IN DIE NAKBA, 1945 -1947

Das britische Mandat sollte 1948 enden. In den drei Jahren zwischen Kriegsende und britischem Abzug lassen sich drei parallele Prozesse erkennen, die zur Katastrophe für das palästinensische Volk, bekannt als Nakba, und zur Gründung des Staates Israel führten.

Der erste war das Scheitern diplomatischer Bemühungen, den Konflikt zwischen Palästinensern und zionistischen Siedlern zu beenden. Der zweite war die Unzulänglichkeit der Versuche der arabischen Welt, die Situation vor Ort wirksam zu beeinflussen. Der dritte war die letzte Vorbereitung zionistischer Seite auf die ethnische Säuberung Palästinas – die unmittelbar nach dem Abzug der Briten 1948 in die Tat umgesetzt wurde.

## Die diplomatischen Bemühungen 1945–1947

Kurz nach dem Ende des Zweiten Weltkriegs hoffte Großbritannien noch immer auf eine für beide Seiten akzeptable Lösung. Zu diesem Zweck rief die britische

Regierung die Amerikaner ins Boot und gründete im November 1945 ein neues Anglo-Amerikanisches Komitee, das mit den letzten internationalen Bemühungen zur Lösung des Konflikts vor dem Ende des Mandats beauftragt wurde. Das Komitee traf Anfang 1946 in Palästina ein und legte im April desselben Jahres seinen Bericht vor.

Der Bericht war als sozioökonomische Untersuchung erfolgreich – er lieferte akribisch detaillierte Informationen über Demografie, Wirtschaft, Bildung und Politik im Mandatsgebiet Palästina. Wissenschaftler nutzen ihn bis heute als Ressource. Doch im Hinblick auf eine echte Lösung bot der Bericht nichts, was beide Seiten nicht schon Dutzende Male zuvor gehört hätten. Er empfahl weder einen jüdischen Staat noch einen unabhängigen palästinensischen Staat, sondern eine erweiterte britische Präsenz im Mandatsgebiet Palästina unter Aufsicht autonomer arabischer und jüdischer Enklaven. Beide Seiten lehnten diese Idee rundweg ab, da ihnen klar wurde, dass ihnen damit genau die demokratischen Rechte vorenthalten wurden, auf denen die neue internationale Ordnung angeblich basierte.

Anfang 1947 hatte Großbritannien genug von Palästina. Den Briten wurde langsam klar, dass sie die Zustimmung Palästinas für ihr Versprechen, das sie dem jüdischen Volk in der **Balfour**-Deklaration gegeben hatten – eine »jüdische nationale Heimstätte« – nicht erhalten würden. Zudem war das, was die zionistische Bewegung nun unter einer »jüdischen nationalen Heimstätte« verstand, unvereinbar mit der Ausweitung der nationalen Unabhängigkeit auf die Palästinenser. Die britische Nachkriegswirtschaft ächzte unter der Last eines bitterkalten Winters und den enormen Wiederaufbauanstrengungen, die nach dem Blitzkrieg nötig waren, um Wohnraum zu schaffen. Darüber hinaus war die Labour-Regierung unter Clement Attlee zu dem Schluss gekommen, dass das britische Empire nun eine teure Belastung darstellte und ein Großteil davon einfach verschwinden musste. Inzwischen hatte der Zweite Weltkrieg die zionistische Bewegung radikalisiert, und sie war nicht länger damit zufrieden, Großbritannien schleifen zu lassen. Militante zionistische Gruppen verübten Terroranschläge, um die Briten voranzutreiben. Im Juli 1946 sprengte die zionistische Untergrundorganisation Irgun die Zentrale des britischen Mandats im King David Hotel in Jerusalem in die Luft und tötete dabei 91 Menschen. Zionistische Aufständische nahmen britische Soldaten häufig ins Visier, um sie zu entführen und zu ermorden.

Da kein Ende in Sicht war, übergab Großbritannien am 1. Februar 1947 die Zukunft Palästinas an die UN. Die UN war zu diesem Zeitpunkt noch nicht einmal zwei Jahre alt und hatte keinerlei Erfahrung im Umgang mit jahrzehntelangen Konflikten wie der Situation in Palästina.

Darüber hinaus war der größte Teil der kolonisierten Welt noch nicht in der UNO vertreten, da die Hauptwelle der Entkolonialisierung noch bevorstand. In den meisten Fragen entwickelte sich die UNO zu einem diplomatischen Schlachtfeld zwischen den beiden Supermächten USA und UdSSR. Wer jedoch auf eine Auseinandersetzung zwischen zwei Machtblöcken in der Palästinafrage hoffte, wurde enttäuscht. Beide Staaten nahmen nicht am Untersuchungsausschuss teil. Im Mai 1947 ernannte die UNO jeweils zwei Delegierte aus elf »neutralen« Mitgliedsstaaten, um eine Lösung für die sogenannte »Palästinafrage« zu finden.

Dies war der UN-Sonderausschuss für Palästina (UNSCOP). Er traf im Juni in Palästina ein und hielt zahlreiche öffentliche Anhörungen ab, bevor er im September 1947 einen Abschlussbericht vorlegte, in dem er die Teilung empfahl. Die palästinensische politische Führung, vertreten durch das Arabische Hohe Komitee, boykottierte die Arbeit des Ausschusses. Sie forderte, Palästina solle genauso behandelt werden wie alle seine arabischen Nachbarländer, die nach Ablauf ihres jeweiligen Mandats die volle Unabhängigkeit erlangt hatten. Die Palästinenser weigerten sich, einen Prozess zu legitimieren, in dem ihr Recht auf Unabhängigkeit als verhandelbar angesehen wurde. Sie verglichen ihre Situation mit der Algeriens und fragten die UNO, ob die Algerier künftig bereit wären, mit französischen Siedlern über ihr Recht auf ein eigenes Land zu verhandeln.

Zu diesem Zeitpunkt hatten einige der aufmerksameren palästinensischen Politiker und Intellektuellen begriffen, was die zionistische Führung eigentlich wollte: möglichst viel von Palästina mit möglichst wenigen Palästinensern. Sie waren frustriert darüber, dass die Pläne des Zionismus in den UN-Hallen nicht ernsthaft als Hindernis für eine Konfliktlösung diskutiert wurden. Letztlich scheiterten diplomatische Bemühungen, da niemand eine Begründung dafür liefern konnte, warum Palästina als Ausnahmefall behandelt wurde – als ein Ort, an dem die vielgepriesenen Prinzipien der »gleichen Rechte und der Selbstbestimmung der Völker« der UN-Charta nicht galten.

## Die arabische Welt und Palästina 1945–1947

Die arabische Welt unterstützte Palästinas Ablehnung der UNSCOP und brachte ihre Solidarität durch die Position der Arabischen Liga zum Ausdruck, einer 1945 neu gegründeten Organisation. Nur ein arabischer Staat unterschied sich: Transjordanien. Dies hatte erhebliche Auswirkungen auf den Verlauf der palästinensischen Geschichte. Um zu verstehen, warum die Jordanier von der arabischen Konsensposition abgewichen sind, müssen wir in der Zeit zurückgehen, bis zur Gründung Jordaniens als Staat.

Transjordanien wurde 1921 als britisches Protektorat gegründet. Zuvor war es wie Palästina Teil des Osmanischen Reiches. Als Transjordanien 1918 von den Briten besetzt wurde, war ursprünglich geplant, es in das Mandatsgebiet Palästina einzugliedern.

Doch dann erschwerten Entwicklungen im Hedschas, der Region mit den heiligsten Städten des Islam – Mekka und Medina – die Lage in Transjordanien. Während des Ersten Weltkriegs erklärte eine lokale Dynastie, die Haschemiten, den Hedschas zu einem unabhängigen Königreich unter ihrer Herrschaft. Die Briten schlossen ein Bündnis mit ihnen: Im Gegenzug für ihren Kampf gegen die Osmanen würden die Briten sie als unabhängigen Staat anerkennen. Darüber hinaus versprachen die Briten den Haschemiten, sie könnten in den Gebieten, die später Syrien und Irak werden sollten, neue Königshäuser errichten, an deren Spitze die Erben von Hussein bin Ali stehen würden, dem Scharif von Mekka und König von Hadschas.

Doch keines dieser Versprechen ließ sich leicht einhalten. Auf der Arabischen Halbinsel unterstützten die Briten auch die Feinde der Haschemiten, den Stamm von Ibn Saud. Daher griff Großbritannien nicht ein, als die Saudis Krieg gegen die Haschemiten führten, 1924 den Hedschas besetzten und ihn zu einem integralen Bestandteil Saudi-Arabiens machten.

Ursprünglich hatten die Briten Sharif Husseins ältestem Sohn Abdulla das Königreich Irak und seinem jüngeren Sohn Faisal das Königreich Syrien versprochen. Doch Großbritannien hatte im Sykes-Picot-Abkommen auch zugestimmt, dass Syrien unter französischer Kontrolle stehen sollte, sodass es nicht länger hergegeben werden konnte. (Widersprüchliche Versprechungen gegenüber verschiedenen Parteien sind ein typisches Thema in Großbritanniens Außenbeziehungen.)

Die beiden Söhne beschlossen, selbst aktiv zu werden und veränderten die Landkarte der Region. Faisal nutzte mit Hilfe des legendären Lawrence von Arabien, des britischen Begründers der Allianz zwischen Großbritannien und den Haschemiten, die Tatsache aus, dass bis 1920 keine französischen Bodentruppen im östlichen Mittelmeer stationiert waren. 1918 marschierte er in Damaskus ein, als neuer Herrscher nicht nur über die Stadt, sondern auch über das, was er Großsyrien nannte und das den Libanon, Jordanien, Syrien, Israel und die heutigen palästinensischen Gebiete umfasste. Er hielt sich knapp zwei Jahre lang ohne offizielle internationale Anerkennung und wurde im Juli 1920 zur Kapitulation vor den Franzosen gezwungen.

Die Briten versuchten, ihn zu beschwichtigen, indem sie ihn 1921 als König im Irak einsetzten – und so seinem älteren Bruder Abdullah keinen Thron überließen. 1920 war Abdullah mit 20000 Mann im Rücken aus dem Hedschas ausmarschiert, angeblich um Syrien von den Franzosen zu »befreien«. Seine Truppen waren in Amman, Transjordanien, stationiert.

Während Abdullah dort wartete und mit der Besetzung Syriens drohte, verteilten die Briten auf einer Konferenz in Kairo im Mai 1921 die unter ihrer Kontrolle stehenden Teile der arabischen Welt neu. Die Konferenz wurde vom damaligen britischen Kolonialminister Winston Churchill geleitet. Er schlug vor, Abdullah Transjordanien als sein neues Königreich zu geben. Transjordanien wurde zu Jordanien und war nun ein eigener Staat, getrennt vom Mandatsgebiet Palästina.

Der rechte Flügel der zionistischen Bewegung unter der Führung von Zeév Jabotinsky akzeptierte diesen Gebietsverlust nicht, da er Transjordanien als Teil des zukünftigen jüdischen Staates betrachtete. Noch heute werden die Gebiete in Jordanien auf der Flagge von Beitar, einer rechtsgerichteten zionistischen Jugendbewegung, die aus Jabotinskys Organisation hervorging, als Teil Israels dargestellt.

Die Arbeitszionisten, die damals die gesamte zionistische Bewegung dominierten, begrüßten jedoch die haschemitische Kontrolle über Transjordanien. Von Anfang an stand Abdullah in engem Kontakt mit der Jewish Agency, die während der Mandatszeit praktisch die zionistische Verwaltung der jüdischen Gemeinde darstellte. Er wollte sein Königreich, das aus relativ trockenem Land bestand, mit Blick auf das fruchtbare Gebiet im Mandatsgebiet Palästina erweitern. Neben der Jewish Agency entwickelte er eine Arbeitsbeziehung mit der pragmatischen Familie Nashashibi in der palästinensischen Führung, einer gemäßigteren Fraktion als die Husaynis.

Kehren wir ins Jahr 1947 zurück. Als UNSCOP gegründet wurde und seine Beratungen begann, hatte die Beziehung zwischen der jüdischen Organisation und Abdullah bereits eine praktischere Phase erreicht. Offenbar waren sich beide Seiten einig, dass Transjordanien im Gegenzug für seine stillschweigende Zustimmung zur Gründung eines jüdischen Staates in Palästina in Teile des Mandatsgebiets Palästina expandieren könnte. Deshalb war Abdullah der einzige arabische Führer, der bereit war, sich mit UNSCOP zu treffen.

Die anderen Mitglieder der Arabischen Liga hatten keine Ahnung von diesen geheimen Abkommen. Die Arabische Liga versuchte weiterhin, die UN zu einer Entscheidung in Sachen Palästina zu drängen, die auf den Prinzipien von Demokratie und Selbstbestimmung basierte. Nachdem sich die UN für die Teilung ausgesprochen hatte, baute die Arabische Liga eine Freiwilligenarmee, die Arabische Befreiungsarmee, auf und war bereit, eine Militäroperation im Mandatsgebiet Palästina in Erwägung zu ziehen, falls alle diplomatischen Bemühungen scheiterten.

## Zionistische Strategien 1945–1947

Im Gegensatz zu den Palästinensern, die sich auf die Sicherung internationaler Legitimität konzentrierten, sah die zionistische Bewegung das Ende des Mandats als Gelegenheit, ihre Vorherrschaft vor Ort rasch zu etablieren.

Die zionistische Bewegung forderte seit 1942 ein Ende des Mandats. Ihrer Ansicht nach konnten die Briten keinen Tag zu früh abziehen. In den Jahren 1945–1947 legten sie den Grundstein für die Übernahme der gesamten Verwaltung des Landes.

Die palästinensische Führung glaubte nicht ohne Naivität, dass die UN Palästina selbstverständlich zu einem Staat für die Palästinenser machen würde, da sie sowohl die einheimische Bevölkerung als auch die Mehrheit darstellten. Die zionistischen Führer glaubten, Taten würden mehr sagen als Worte. Sie kalkulierten richtig, dass die internationale Gemeinschaft den Palästinensern nicht helfen würde, das zurückzuerobern, was die Zionisten zunächst mit Gewalt erobert hatten. Sie planten daher, alle wichtigen strategischen Posten zu erobern, sobald die britischen Truppen sie räumten:

Funk, Post, Telekommunikation, Eisenbahn, Luftraum, öffentlicher Verkehr, Banken und natürlich Land.

Zwei Jahre lang bauten sie ihre Streitkräfte auf, beschafften Waffen aus dem Ausland und entwickelten ein Wehrpflichtsystem für alle jungen jüdischen Männer und Frauen in Palästina. Die Haganah, die sich von einer paramilitärischen Organisation im Wesentlichen zur regulären Armee eines Staates entwickelte, den es noch nicht gab, galt in den Augen der Briten als die zweitstärkste Militärmacht im Nahen Osten. Sogar Überlebende des Holocaust in Europa, von denen viele noch immer in Lagern für Vertriebene festsaßen, wurden für zionistische Militärorganisationen rekrutiert. Der Beitritt zu einer zionistischen Armee verlief wesentlich reibungsloser als die Beantragung eines Visums für die USA.

Gegen Ende 1947 waren alle Augen auf New York gerichtet. Die UNO stand endlich kurz davor, eine endgültige Entscheidung über die Zukunft Palästinas zu treffen. Am 29. November stimmte die UNO-Generalversammlung für die heute im Völkerrecht berüchtigte Resolution 181. Sie sprach sich für die Teilung Palästinas aus. Die Zionisten feierten, wie Israel es noch heute tut, endlich den versprochenen jüdischen Staat. Für die Palästinenser war es der Tag, an dem die Nakba begann, der Tag, der einen Warnschuss für eine Katastrophe abfeuerte, die sie bis heute ertragen müssen.

# 7 DIE TEILUNGSRESOLUTION UND IHRE NACHWIRKUNGEN

Bevor wir uns den Auswirkungen der Teilungsresolution vor Ort zuwenden, müssen wir die verwirrenden geopolitischen Manöver innerhalb der UN genauer untersuchen. Der UNSCOP, der Sonderausschuss aus elf Mitgliedsstaaten, konnte sich nicht auf eine einheitliche Position zum Vorgehen in Palästina einigen. Er legte zwei Vorschläge vor – einen von der Minderheit und einen von der Mehrheit.

Der Minderheitsplan empfahl einen binationalen Bundesstaat Palästina, geteilt in einen arabischen und einen jüdischen Staat, wobei jüdische Einwanderung in den jüdischen Staat erlaubt sein sollte. Die Bundesregierung sollte von allen erwachsenen Bürgern des arabischen und jüdischen Staates gewählt werden. Im UNSCOP wurde dies nur von Indien, dem Iran und Jugoslawien unterstützt. Die Mehrheit befürwortete die Teilung Palästinas in zwei Staaten.

Der Mehrheitsvorschlag sah 56 % Palästinas für einen jüdischen Staat vor, der die meisten wichtigen UN-Konzessionen wie Elektrizität, Häfen und Phosphate innerhalb dieses Gebiets umfasste, und 43 % für einen palästinensischen Staat. Jerusalem und seine Umgebung sollten als *Corpus separatum* regiert werden, d. h. als internationale Enklave. Der jüdische Staat sollte aus fast gleichen Teilen Juden und Palästinensern bestehen, und der arabische Staat sollte eine große Mehrheit von Palästinensern haben. Beide Gemeinschaften könnten entscheiden, wo sie wählen und wem sie als Bürger angehören; Die beiden Staaten sollten eine gemeinsame Währung und Wirtschaft sowie eine gemeinsam vereinbarte Einwanderungspolitik haben.

Am 29. November 1947 stimmte die UN-Generalversammlung nur über den Mehrheitsvorschlag ab, der nach Diskussion in einem Ad-hoc-Ausschuss aller Mitgliedsstaaten leicht abgeändert worden war. Letztlich stimmten 33 Staaten für die Teilung, 13 dagegen und 10 Enthaltungen. Mit knapper Not hatte die zionistische Bewegung eine Zweidrittelmehrheit errungen. Fast wäre es nicht dazu gekommen.

Obwohl die UN, die damals aus 57 Nationen bestand, noch immer von europäischen Imperial Staaten dominiert wurde, die sich nur zu gut an die Brutalität der Kolonialisierung erinnerten, wie Liberia und Haiti. Die Abstimmung sollte ursprünglich am 26. November stattfinden, doch die zionistische Bewegung befürchtete, nicht die nötigen Stimmen aufbringen zu können. Daher wurde sie nach diplomatischen Verhandlungen auf den 29. November verschoben. Die zionistische Lobby in den USA drängte die US-Regierung, Druck auf widerspenstige Staaten auszuüben, damit diese für die Teilung stimmen – ein wichtiger Meilenstein, da dies die internationale Anerkennung eines jüdischen Staates mit sich brachte. die US-Regierung, die zu diesem Zeitpunkt bereits standardmäßig pro-zionistisch eingestellt war, kam der Aufforderung nur allzu gern nach und versprach zögerlichen Staaten Finanzmittel für die Entwicklung ihrer Länder oder drohte mit dem Entzug solcher Mittel. Dies ist die klassische Zuckerbrot-und-Peitsche-Methode, die reichere Länder zur Diplomatisierung einsetzen.

Resolution 181 schlug auch einen Zeitplan für das nächste Jahr vor. Sie legte das Datum für das Ende des britischen Mandats auf den 14. Mai 1948 fest. Bis dahin sollte Großbritannien weiterhin für Recht und Ordnung verantwortlich sein und von einem neuen UN-Palästina-Komitee bei der Umsetzung des Teilungsplans unterstützt werden.

Sowohl die USA als auch die UdSSR unterstützten trotz ihrer Rivalität den Teilungsplan gemeinsam. Die UdSSR gab ihren jahrzehntelangen, hartnäckigen Antizionismus als integralen Bestandteil des Kommunismus auf und sprach sich bereits im Mai 1947 für die Möglichkeit einer Teilung aus. Obwohl die arabischen Staaten davon überzeugt waren, dass die UdSSR auf ihrer Seite stehen würde, sah Stalin im Zionismus eine Möglichkeit, den britischen Einfluss in der Region zu schwächen, und erleichterte die Massenauswanderung von Juden aus der UdSSR und Polen in die Lager für Vertriebene – deren endgültiges Ziel Palästina war.

In den USA gelang es durch energische zionistische Lobbyarbeit, den amerikanischen Präsidenten dazu zu bringen, die Teilung zu unterstützen und auch andere davon zu überzeugen, sie zu unterstützen. Und dies trotz der Skepsis des US-Außenministeriums und seiner Nahost-Experten, die der Meinung waren, eine solche Hinwendung zum Zionismus würde anderen US-Interessen in der Region schaden. US-Diplomaten warnten davor, dass die Gründung eines jüdischen Staates in der Region eine nicht wiedergut zu machende Katastrophe bedeuten würde.

Die britische Regierung war unterdessen von der Aussicht auf einen palästinensischen arabischen Staat, den sie abfällig »Mufti-Staat« nannte, wenig begeistert. Seit dem großen arabischen Aufstand 1936 war Mufti Haj Amin al-Husayni Großbritanniens Erzfeind in der arabischen Welt. Obwohl ihm und vielen anderen palästinensischen Führern, die nach dem Aufstand geflohen waren, die Rückkehr nach Palästina verweigert wurde, schien er die palästinensische Nationalbewegung von seinem Exil in Kairo aus anzuführen. Die Briten glaubten, er würde der Führer des zukünftigen palästinensischen Staates werden und gegen ihre Interessen in der Region handeln.

Um diese Aussicht abzuwenden, beschloss Großbritannien, die Position von König Abdullah von Transjordanien zu stärken, indem es ihm vorschlug, einen Teil des palästinensischen Gebiets im Rahmen des UN-Teilungsplans seinem eigenen Königreich anzugliedern. Sie ermutigten König Abdullah freudig, seine Beziehungen zur zionistischen Führung in Palästina zu vertiefen. Mit dem Wissen und der stillschweigenden Zustimmung Großbritanniens kam König Abdullah zu einer informellen Vereinbarung mit der zionistischen Führung: Sollten einige der palästinensischen arabischen Gebiete an Transjordanien angeschlossen werden, würde er sein Bestes tun, um sich vom Widerstand der Arabischen Liga gegen die Teilung zurückzuhalten.

Das war Musik in den Ohren der Zionisten. 1947 war es offensichtlich, dass ein Versuch, Palästina mit Gewalt einzunehmen, eine gewaltige militärische Reaktion der arabischen Welt hervorrufen könnte. Die zionistische Führung musste einen Weg finden, die arabischen Militäranstrengungen von Anfang an zu untergraben. Die Arabische Legion, Jordaniens Staatsarmee, war die schlagkräftigste Armee der arabischen Welt. Sie war die einzige Armee, die im Zweiten Weltkrieg, im Irak- Krieg, gekämpft hatte. Alle ihre ranghohen Offiziere waren Briten, bis hin zum Generalstabschef Sir

John Bagot Glubb. Die Neutralisierung dieser Armee oder auch nur die Begrenzung ihrer Beteiligung hätte es den Zionisten wesentlich leichter gemacht, Palästina in einen jüdischen Staat zu verwandeln.

Die Selbstgefälligkeit der internationalen Gemeinschaft, das merkwürdige Bündnis, das sich bei den Vereinten Nationen für die zionistische Sache zusammenschloss, und die Art und Weise, wie der jüdische Staat praktisch als vollendete Tatsache behandelt wurde, helfen, die darauffolgenden Reaktionen vor Ort zu erklären. Die jüdischen Siedler nahmen die Nachricht mit Freude auf, auch wenn die vorgeschlagene Teilung nicht annähernd ihren theoretischen Wünschen entsprach. Der entscheidende Punkt war, dass das höchste internationale Gremium die Schaffung eines jüdischen Staates empfohlen hatte. Die Palästinenser hingegen vernahmen die Botschaft laut und deutlich: Für sie galt das Recht auf Selbstbestimmung nicht. Die Palästinenser gingen auf die Straße, um gegen die Resolution zu protestieren. Die Demonstrationen wurden teilweise gewalttätig. Doch nach einigen Tagen kehrte eine beunruhigende Ruhe ein. Sowohl für Palästinenser als auch für Zionisten war es Zeit, sich auf einen Kataklysmus vorzubereiten. Die vor Ort verbliebenen palästinensischen Politiker wussten, dass die Zionisten sich bewaffneten, und sahen ihre Existenz bedroht. Die zionistische paramilitärische Organisation Irgun griff neben den Briten auch arabische Dörfer an, um Angst zu schüren und die palästinensischen Araber zur Flucht zu bewegen. Die Palästinenser versuchten, paramilitärische Gruppen zur Verteidigung ihrer Gemeinden zu organisieren, doch die wenigen Waffen, die sie besaßen, waren von minderer Qualität, und noch weniger waren in ihrem Umgang damit erfahren. Jeder mit einem echten Talent für militärische Organisation war bereits während des Aufstands von 1936 getötet oder inhaftiert worden. Die palästinensische Führung hoffte, die Freiwilligentruppe der Arabischen Liga könnte mehr Schutz bieten, doch ihre Hoffnungen wurden enttäuscht.

Letztendlich gründeten palästinensische Jugendliche zwei kleine paramilitärische Organisationen, unterstützt von einigen hundert Freiwilligen, denen es gelang, nach Palästina zu gelangen. Die meisten von ihnen organisierten sich in einer neuen, von der Arabischen Liga gegründeten Organisation, der Arabischen Befreiungsarmee, unter der Führung von Fawzi al-Qawugji, einem irakischen Offizier mit Erfahrung im arabischen Aufstand.

Die Arabische Liga beschloss jedoch, vor dem für den 14. Mai 1948 geplanten Ende des britischen Mandats keine regulären Truppen zu entsenden. Die Streitkräfte auf palästinensischer Seite waren den drei zionistischen paramilitärischen Gruppen Haganah, Irgun und Stern-Bande nicht gewachsen. Diese Gruppen waren besser ausgerüstet – hatten in der britischen Armee gedient – und verfügten – was entscheidend war – – über mindestens zehnmal so viele Mitglieder. Die internationale Gemeinschaft, die sich in ihrer Gesamtheit einer Charta zur Rechtsstaatlichkeit, Gerechtigkeit und Gleichberechtigung der Nationen verpflichtet hatte, hatte den Weg für eine Katastrophe geebnet – eine Katastrophe, die so allumfassend war, dass sie zur eigentlichen Definition des arabischen Wortes »*Nakba*« wurde.

# 8 DIE ETHNISCHE SÄUBERUNG PALÄSTINAS

Sobald ein Zeitplan für den britischen Abzug feststand und die UN die Teilung als »Lösung« des Konflikts befürwortete, begann die zionistische Führung mit der Planung ihres nächsten Schrittes. Eine kleine und streng geheime Beratergruppe um den Führer der jüdischen Gemeinde in Palästina, David Ben-Gurion, begann zu skizzieren, wie die Vorherrschaft in dem jüdischen Staat zugesprochenen Gebiet – einem Gebiet, in dem fast die Hälfte der Bevölkerung palästinensisch war – erreicht werden könnte.

Von dem Moment an, als die UN für die Resolution stimmte, war klar, dass die Palästinenser und die arabische Welt die Teilung ablehnen würden. Ben-Gurion und seine Verbündeten erwarteten einen Krieg und waren bereit, nach einem erwarteten Sieg der Zionisten die Übernahme der dem palästinensischen arabischen Staat zugeteilten Gebiet in Erwägung zu ziehen.

Zwischen Februar 1947 und Februar 1948 sammelte die Gruppe ihre Kräfte und wartete ab, im Vertrauen auf den Erfolg ihrer Planung. Die Sicherung der jüdischen Vorherrschaft in dem von den Zionisten angestrebten jüdischen Staat erfolgte in zwei Phasen, sowohl zahlenmäßig als auch hinsichtlich ihrer schieren Macht. In der ersten Phase nutzten die Zionisten die palästinensische Empörung über den Teilungsplan aus. Als Palästinenser jüdische Siedlungen angriffen, reagierten die Zionisten mit Kollektivstrafen. Sie nutzten die palästinensische Gewalt als Vorwand, um mit der Säuberung der palästinensisch-arabischen Gebiete des späteren jüdischen Staates zu beginnen; mit anderen Worten: mit einer ethnischen Säuberung. Im Februar 1948 ereignete sich das dreisteste Beispiel dieser Art von Operation in drei Dörfern rund um die antike römische Stadt Caesarea. Diese drei Dörfer wurden so gewaltsam und brutal gesäubert, dass kaum eines der Gebäude stehen blieb. Es ist fast unmöglich, Spuren der einst blühenden Gemeinden zu finden. Arabische Bewohner wurden massenhaft gezwungen, ihre Dörfer zu verlassen, wenn sie leben wollten. All dies geschah, während die Briten für die Aufrechterhaltung von Recht und Ordnung verantwortlich waren.

In den ersten beiden Monaten des Jahres 1948 hielten sich diese ethnischen Säuberungsversuche in Grenzen – sie wurden von den zionistischen Kräften stets, wenn auch trügerisch, als angemessene Vergeltung für palästinensische Angriffe auf jüdische Sied-

lungen und Infrastruktur gerechtfertigt. Doch Ende
Februar 1948 war der Wandel der zionistischen Taktiken offensichtlich. Sie führten nun Massenvertreibun-
gen durch, die frei von jeglichem Selbstverteidigungs-
oder Reaktionsdenken gegen die palästinensische
Aggression waren.

Die Intensivierung zionistischer Aktivitäten erregte
die Aufmerksamkeit des US-Außenministeriums, das
der zionistischen Kolonisierung lange Zeit skeptisch
gegenüberstand. Der UN-Teilungsplan erschien als
Weg zum Frieden nicht mehr plausibel; er hatte sich
als Rezept für noch mehr Gewalt erwiesen. Um einen
Rückzieher zu machen und Zeit für eine andere Lösung
zu gewinnen, legte der amerikanische UN-Vertreter
Warren Austin am 19. Mai 1948 einen Vorschlag vor,
Palästina für fünf Jahre unter internationale Treuhand
zu stellen. Dies geschah nur einen Tag, nachdem Präsident Truman Chaim Weizmann, mittlerweile quasi ein
Elder Statesman der zionistischen Bewegung, getroffen
und ihm die amerikanische Unterstützung für die Teilung zugesichert hatte.

Die zionistische Bewegung war erwartungsgemäß
wütend. Sie mobilisierte umgehend ihre einflussreiche Lobby in den USA. Das Wahljahr begünstigte ihre
Arbeit. Eine aggressive Kampagne trug rasch Früchte.
Innerhalb weniger Wochen zog sich die US-Regierung
von jeglichen Andeutungen auf Treuhänderschaft zu-

rück und bekräftigte ihre bisherige Unterstützung für den Teilungsplan.

## Plan D

Während die USA noch zögerlich gegenüber einer Teilung waren, stärkte die zionistische Führung in Palästina ihre Position vor Ort. Sie ging davon aus, dass internationale Einwände unerheblich würden, wenn sie einen jüdischen Staat gründen würden.

Am 10. März 1948 entwickelten David Ben-Gurion und eine kleine Gruppe von Generälen des Geheimdienstes der Haganah den Plan Dalet oder Plan D, der in die Geschichte eingehen sollte. Wie der Name schon sagt, war es der vierte Plan dieser Art. Doch er wurde umgesetzt – mit verheerenden Folgen.

Dieser Plan wurde in direkte Befehle an die Bodentruppen umgesetzt. Das Ziel war einfach: So viele Palästinenser wie möglich aus Palästina zu vertreiben, um einen jüdischen Mehrheitsstaat zu errichten. Die Methode: Jedes Dorf und jedes Viertel sollte von drei Seiten umzingelt werden, wobei die vierte Seite frei blieb, damit die Bewohner sie verlassen konnten, wenn sie vertrieben wurden oder vor Angst flohen. Anschließend sollte das Dorf in Schutt und Asche gelegt und Sprengstoff in den Trümmern platziert werden, damit niemand zurückkehren konnte. Wohin sollten all die Palästinenser gehen? Der Plan war eindeutig: Sie sollten die Grenzen des Landes verlassen.

Im Masterplan D, der von der zionistischen politischen Führung genehmigt wurde, konnten die Palästinenser dieser Behandlung durch bedingungslose Kapitulation entgehen. Doch selbst dann schlossen strategische Standorte aus. Die tatsächlichen Befehle an die Truppen schenkten der Situation vor Ort jedoch wenig Beachtung. Es ist offensichtlich, dass die von den Zionisten kontrollierten palästinensischen Dörfer und Viertel von Anfang an zur ethnischen Säuberung verurteilt waren.

In den Befehlen an die Truppen finden wir weitere erschütternde Details über die angewandten Methoden. Es gab einen Hinweis auf Männer, die manchmal erst zehn Jahre alt waren, in der Regel jedoch zwischen achtzehn und achtundvierzig Jahre alt waren und entweder getötet oder verhaftet werden sollten.

Wir wissen heute, dass dieser Prozess noch gezielter ablief, obwohl die Beweise dafür in keinem offiziellen Befehl auftauchen. In den 1940er Jahren legte der Geheimdienst der Haganah Akten über jedes Dorf Palästinas an. Diese enthielten außerordentlich detaillierte Informationen über den Reichtum der Dörfer, von ihren internen Beziehungen und politischen Orientierungen bis hin zur Anzahl der Obstbäume. Jede Akte enthielt zudem eine Liste von Personen, die am Arabischen Aufstand von 1936 teilgenommen hatten. Wären diese Personen 1948 noch am Leben gewesen, wären sie auf der Stelle verhaftet oder hingerichtet worden.

In den Monaten März, April und Anfang Mai nahmen die zionistischen Streitkräfte die städtischen Zentren Palästinas ins Visier. Letztendlich wurden sie alle vollständig zerstört, was wir heute nur als Städtemord bezeichnen können. In dieser Zeit wurde die palästinensische Bevölkerung aus Haifa, Bisan, Yaffa, Akko, Tiberias und Safed sowie den umliegenden Dörfern vertrieben. In vielen Fällen ging der Militäroperation in der Stadt ein Massaker in einem Dorf voraus. Zionistische Kräfte hofften, dies würde die Flucht beschleunigen und den Widerstand schwächen. Das berüchtigtste Beispiel für diese Taktik war die Säuberung Westjerusalems und 39 benachbarter Dörfer im April 1948. Am 9. April 1948 stürmten rechtsgerichtete paramilitärische Gruppen, die Irgun und die Stern-Bande, das Dorf Deir Yassin und töteten die Bewohner Haus für Haus, wobei auch Frauen und Kinder nicht verschont blieben. Über hundert Dorfbewohner kamen ums Leben. Die Palästinenser verstanden die Botschaft, und viele in den umliegenden Gebieten flohen aus Angst, die vorrückenden jüdischen Streitkräfte würden dasselbe in ihren eigenen Dörfern und Vierteln tun. Viele Mitglieder dieser paramilitärischen Gruppen wurden nach der Unabhängig-

keit in die israelisch-israelische Armee integriert, angeführt von der Hagana.

## Die Reaktion der arabischen Welt

Beim offiziellen Ende des Mandats waren bereits rund
250 000 Palästinenser Flüchtlinge, einige von ihnen
flüchteten in die benachbarten arabischen Staaten. Dieser Flüchtlingsstrom setzte die arabischen Regierungen
unter Druck, mehr für Palästina zu tun. Bis dahin hatte
die arabische Welt den Palästinensern diplomatische
Unterstützung gewährt und Freiwilligen erlaubt, nach
Palästina einzureisen, um an ihrer Seite gegen die zionistischen Kräfte zu kämpfen. Doch kleine Gruppen
von Freiwilligen waren einer gut organisierten und gut
finanzierten Militärtruppe, die jahrelang für diesen An-
lass ausgebildet worden war, eindeutig nicht gewachsen.

Die arabischen Staaten warteten bis zum 14. Mai
1948, dem offiziellen Ende des Mandats, bevor sie
Truppen entsandten, um die ethnischen Säuberungen
zu stoppen. Zu diesem Zeitpunkt war alles zu wenig
und zu spät. Warum? Offen gesagt, hatten arabische
Regierungen wie die des Libanon und Syriens, die erst
vor wenigen Jahren ihre Unabhängigkeit erlangt hatten,
Mühe, den nötigen Enthusiasmus aufzubringen, um

große Armeen nach Palästina zu schicken, während sie gleichzeitig mit ihren eigenen internen Machtkämpfen zu kämpfen hatten.

Die größte Armee war die ägyptische, doch selbst diese war nicht professionell. Die Hälfte der Truppen waren Freiwillige der Muslimbruderschaft, die die palästinensische Sache als Teil eines umfassenderen antiimperialistischen Kampfes betrachteten. Die ägyptische Regierung hätte eine Teilnahme an einer Militäroperation lieber ganz vermieden; sie genehmigte die Entsendung von Truppen erst zwei Tage vor Ende des Mandats. Sowohl ihre Ausbildung als auch ihre Ausrüstung waren mangelhaft.

Die professionellste arabische Armee war die Arabische Legion Jordaniens. Doch wie wir gesehen haben, hatte die jordanische Regierung hinter den Kulissen eine Absprache mit der zionistischen Führung getroffen. Als der 14. Mai 1948 näher rückte, wurden die Hauptbestandteile dieser geheimen Vereinbarung deutlich. Das heutige Westjordanland sollte kampflos von Jordanien annektiert werden. Doch die beiden Seiten hatten sich nicht über das Schicksal Jerusalems und der umliegenden Gebiete geeinigt, und die Arabische Legion kämpfte um die Stadt. Ihr Mut dort steht in krassem Gegensatz zu der Art und Weise, wie jordanische Streitkräfte passiv zusahen, wie anderswo palästinensische Dörfer zerstört wurden.

König Abdullah musste einen schmalen Grat zwischen seinem Abkommen mit Israel und seiner Verpflichtung zur Teilnahme an den Bemühungen der Arabischen Liga zur Rettung der Palästinenser vollführen. So verhandelte Abdullah privat mit den Israelis und übernahm gleichzeitig eine führende Rolle bei der Planung der arabischen Militäroperationen in Palästina. Als Folge seiner Doppelzüngigkeit drang die Jordanische Arabische Legion entgegen den Plänen der unter seiner Leitung ausgearbeiteten Arabischen Liga nicht in viele Teile Palästinas ein und schloss sich im Süden nicht wie geplant mit der ägyptischen Armee zusammen.

Mangels ausreichender logistischer Unterstützung stoppte die ägyptische Armee nach anfänglichen Erfolgen bei der Besetzung isolierter zionistischer Kibutzim, auch wenn dies den Palästinensern nicht wirklich half. Bis Mitte August 1948 konnten die gesamtarabischen Bemühungen, darunter sowohl reguläre Truppen als auch Freiwillige unter dem Banner der Arabischen Befreiungsarmee, die israelische Übernahme des größten Teils Palästinas und die Massenvertreibung von Palästinensern nicht verhindern.

Während diese panarabischen Bemühungen stattfanden, ging die ethnische Säuberung Palästinas weiter. Als die arabischen Bemühungen nachließen, beschleunigten sie sich. Bis Ende 1948 war die Hälfte der arabischen Bevölkerung Palästinas vertrieben, mehr als 500

Dörfer zerstört und die meisten Städte dem Erdboden gleichgemacht worden.

Auf den Ruinen errichtete Israel jüdische Siedlungen und pflanzte aus Europa importierte Kiefern. Noch ungeheuerlicher war, dass einige zerstörte Dörfer in Freizeitparks umgewandelt wurden. Auf diese Weise wurde jeder verbliebene Rest von »Arabismus« ausgelöscht. Ein jüdisches Palästina sollte in zionistischen Augen ein europäisches Palästina sein.

Wohin gingen die vertriebenen Palästinenser? Israel gelang es, die Palästinenser im Osten in das besetzte Westjordanland und nach Transjordanien zu vertreiben. Die Palästinenser im Norden wurden nach Syrien und in den Libanon abgedrängt. Im Süden weigerte sich Ägypten jedoch, seine Grenzen für Palästinenser zu öffnen.

Gegen Kriegsende »löste« Israel dieses Problem, indem es den Gazastreifen schuf, den wir heute nur allzu schmerzlich kennen. Es war ein kleines Rechteck, das vom historischen Palästina (2 % des Landes) abgetrennt wurde. Es wurde eingerichtet, um Hunderttausende von Palästinensern aufzunehmen, die von Israel aus den zentralen und südlichen Gebieten Palästinas vertrieben wurden. Es war damals das größte Flüchtlingslager der Welt und ist es auch heute noch.

Es ist heute schwer vorstellbar, aber damals war Gaza eine kosmopolitische Stadt an der Via Maris, einer alten Handelsroute, die von Kairo nach Damaskus führte, und Heimat einiger der ältesten christlichen und jüdischen Gemeinden der Welt.

## Der erste gescheiterte Friedensversuch; 1948–1949

Israel führte vor den Augen der Welt ethnische Säuberungen durch. Bereits im Mai 1948 ernannte die UNO einen Vermittler, Graf Folke Bernadotte, einen schwedischen Diplomaten, der dafür bekannt war, gegen Ende des Zweiten Weltkriegs durch Verhandlungen mit den Deutschen rund 15 000 jüdische Gefangene aus Konzentrationslagern gerettet zu haben. Er schlug vor, den Teilungsplan zu überarbeiten und ihn so weit wie möglich an die demografische Entwicklung anzupassen. Er gestand dem arabischen Staat mehr Territorium zu und verlangte, dass die vertriebenen Palästinenser in ihre früheren Häuser zurückkehren könnten. Jerusalem sollte, wie im ursprünglichen UN-Plan vorgesehen, eine internationale Enklave werden. Jeder Vorschlag, die Größe des jüdischen Staates zu begrenzen, war aber für die zionistische Führung völlig inakzeptabel. Seine diplomatische Karriere fand ein abruptes Ende. Am 17. September 1948 wurde er von der Stern-Bande ermordet; es wurde als Terrorakt von Militanten ausgegeben.

Einige Historiker vermuten jedoch, dass die offizielle zionistische Führung mitschuldig war, auch wenn das Ausmaß nie geklärt werden konnte.

Nach seinem Tod warf die UNO erneut die Frage auf, wie der Konflikt beendet und eine für beide Seiten akzeptable Lösung gefunden werden könnte. Im Dezember 1948 verabschiedete die UNO mit großer Mehrheit die Resolution 194. Diese forderte das Rückkehrrecht für Flüchtlinge, ein internationales Jerusalem und Verhandlungen über eine Zweistaatenlösung auf Grundlage der in der Teilungsresolution von 1947 festgelegten Grenzen. Zur Umsetzung dieser Resolution wurde ein neues Gremium eingerichtet, die Schlichtungskommission für Palästina.

Die wichtigste Errungenschaft dieser Kommission war die Einberufung einer Friedenskonferenz im April 1949 im schweizerischen Lausanne, an der Israel, die Palästinenser, Ägypten, Syrien, der Libanon und Jordanien teilnahmen. Israel beteiligte sich nur widerwillig – seine Anwesenheit war Voraussetzung für seine Aufnahme als Vollmitglied der UNO. Auch das US-Außenministerium, dessen Einfluss auf den nunmehr als arabisch-israelischer Konflikt geltenden Konflikt in den letzten Tagen seines Lebens schwand, übte starken Druck auf Israel aus, an der Konferenz teilzunehmen. Am 11. Mai wurde Israel Vollmitglied der UNO.

Einen Tag später unterzeichneten alle Delegierten dieser Konferenz das Lausanner Protokoll. Darin hieß es, alle seien einverstanden, die Verhandlungen auf der Grundlage dreier Prinzipien fortzusetzen: der Rückkehr der palästinensischen Flüchtlinge, des Teilungsplans von 1947 und der Internationalisierung Jerusalems.

Israel bestritt umgehend die Behauptung, es habe den Bedingungen des Protokolls so zugestimmt, wie sie von allen anderen verstanden wurden. Es war nicht bereit, seine Grenzen auf die im Teilungsplan von 1947 festgelegten zu beschränken. Trotz des kurzlebigen amerikanischen Drucks konnte es sich damit weitgehend durchsetzen, und die Verhandlungen kamen zum Stillstand. Innerhalb eines Jahres stellte die Schlichtungskommission die Suche nach einer Lösung praktisch ein. Das Einzige, was die UNO wirklich erreicht hat, war die Vermittlung einer Reihe von Waffenabkommen mit den arabischen Nachbarn Israels und die vorläufige Festlegung der Grenzen Israels.

Dies war letztlich die internationale Reaktion auf die ethnische Säuberung Palästinas. 1950 wurde eine weitere Organisation gegründet: das Hilfswerk der Vereinten Nationen für Palästina-Flüchtlinge im Nahen Osten (UNRWA). Diese Organisation sollte fast eine Million palästinensische Flüchtlinge versorgen, während sie auf ihre Rückkehr in ihre Heimat warteten. Sie errichtete Flüchtlingslager, die heute ein vertrauter Bestandteil von Städten wie Beirut, Damaskus und Amman sind. Angesichts der UN-Bekenntnis zum Rückkehrrecht für Flüchtlinge nahmen Flüchtlinge weder die Staatsbürgerschaft anderer Länder an, noch bauten sie sich in ihren Gastländern neue Häuser. Sie wollten nicht den Eindruck erwecken, sie hätten sich mit ihrer Enteignung abgefunden. Viele arabische Länder wie der Libanon boten ohnehin keine Möglichkeit an, die Staatsbürgerschaft zu beantragen. Jordanien tat dies, aber nur die Hälfte der dortigen Flüchtlingsgemeinschaft nahm sie wahr.

Palästinenser waren nicht nur Flüchtlinge in arabischen Ländern. Auch im neuen Staat Israel gab es eine große Zahl von Flüchtlingen, meist in der Nähe zerstörter Dörfer, auf denen jüdische Siedlungen errichtet worden waren. Israel weigerte sich, sie als Flüchtlinge zu behandeln und bezeichnete sie stattdessen als Binnenvertriebene. Innerhalb der israelischen Grenzen leben mittlerweile über 300 000 von ihnen. Sie sind das wichtigste Bindeglied zwischen den »Arabern« von 1948, wie die Palästinenser die palästinensische Minderheit in Israel nennen, und den anderswo verstreuten Palästinensern, getrennt durch Grenzen, militärische Gewalt und jahrzehntelange Enteignung.

Das ist ein wichtiger Punkt. Die Nakba war nicht einfach eine Landnahme durch zionistische Kräfte, sondern ein Versuch, den Wiederaufbau einer palästinensischen Nation unmöglich zu machen. Die Zerstreuung der Palästinenser über so viele verschiedene Staaten und der Verlust jahrhundertealter Gemeinschaften erschwerten die Vereinigung aller Gruppierungen zu einer einzigen nationalen Bewegung. Wir werden später sehen, wie sich dies auswirkte.

# 9 NACH DER NAKBA: ISRAEL UND PALÄSTINA, 1948–1967

Wie die halbherzigen und letztlich vergeblichen diplomatischen Versuche der UN, die ethnische Säuberung Palästinas zu verhindern, zeigen, kam Israel im Wesentlichen ungeschoren davon. Niemand verurteilte es für offensichtliche Verbrechen gegen die Menschlichkeit. Dies lag nicht an mangelndem Wissen. Journalisten, Abgesandte des Internationalen Roten Kreuzes, UN-Vertreter und andere berichteten offen und detailliert über die Geschehnisse vor Ort und berichteten von Typhus-, Malaria- und Skorbut-Ausbrüchen. Diese Berichte fanden jedoch aufgrund von Entscheidungen höherer Stellen nie eine breitere öffentliche Resonanz.

Israel hat ein eigenwilliges Verständnis von Völkerrecht und Völkerrechtskonventionen: Entscheidend ist, wie Israels eigene politische Führung die jeweilige Position der UN oder anderer internationaler Gremien interpretiert. Die Absicht der internationalen Gemeinschaft zählt. Israel verstand das Schweigen und die Untätigkeit während der Nakba als Freibrief, ethnische Säuberungen weiterhin als Mittel zum Aufbau und zur

Stärkung des israelischen Staates und seiner nationalen Sicherheit einzusetzen. Schließlich hatte beim ersten Mal niemand versucht, sie aufzuhalten. Die seit 1948 andauernde ethnische Säuberung Palästinas, ein Prozess, der bis heute andauert, wird von den Palästinensern als *al-Nakba al Mustamirra* bezeichnet, die nicht endende Nakba.

Der wiederholte Einsatz ethnischer Säuberungsmethoden durch Israel gegen die Palästinenser veranlasste Wissenschaftler zudem dazu, Israel als eine siedlerkolonialistische Gesellschaft zu charakterisieren. Wissenschaftler, die sich mit dem Siedlerkolonialismus befassen, argumentieren, Kolonialisierung sei kein einmaliges Ereignis – die einfache Folge von Landverlust –, sondern eine fortlaufende Struktur, die Enteignung erleichtert, solange das siedlerkolonialistische Projekt besteht. Die indigene Bevölkerung kann nicht in einer untergeordneten Position verbleiben, bis die einheimische Gesellschaft zerstört ist – sei es durch Tod oder Wegzug – oder bis die Kolonisatoren sich aus dem Projekt zurückziehen und, wie die Weißen in Südafrika, bereit sind, Teil eines entkolonialisierten Landes zu sein.

Die ethnischen Säuberungen in Israel setzten sich zwischen 1948 und 1967 fort, einschließlich der Zerstörung mehrerer palästinensischer Dörfer, bis zum Ausbruch des Sechstagekriegs. Dennoch wurden die Palästinenser zu einer beträchtlichen Minderheit innerhalb des jüdischen Staates und machten laut Verfassung etwa 17 % der Bevölkerung aus. Dieser Anteil stieg auf 20 %, nachdem Israel Ostjerusalem und die Golanhöhen annektiert hatte, wie wir sehen werden.

## Militärherrschaft in Israel, 1948–1966

Die Vertreibung palästinensischer Bürger Israels zwischen 1948 und 1967 war Teil eines Repertoires an Repressionen gegen die verbliebenen Palästinenser. Israel stellte die Palästinenser innerhalb seiner Grenzen unter Militärherrschaft, ein Regime, das in den meisten Gebieten bis 1966, in anderen sogar bis 1967 andauerte.

Das Militärregime war in der Tat ein Erbe der britischen Notstandsverordnungen, die einer Armee absolute Kontrolle über das Leben der Bürger gaben. Diese Machtbefugnisse erlaubten die grundlose Vertreibung von Menschen, ihre Vertreibung aus ihren Häusern, ihre Inhaftierung ohne Gerichtsverfahren, das Beschießen von ihnen und die Plünderung ihrer Geschäfte. Diese Taktiken sind noch heute im Westjordanland und im Gazastreifen zu beobachten.

Die israelischen Streitkräfte verhängten auch Ausgangssperren, die oft nicht im Voraus angekündigt wurden. Eine solche Ausgangssperre wurde im Oktober 1956, am Vorabend des Sinai-Krieges, über das Dorf

Kafr Quasim an der Grenze zwischen Israel und dem jordanischen Westjordanland verhängt. Der Sinai-Krieg war ein gescheiterter Versuch Israels, Frankreichs und Großbritanniens, den ägyptischen Präsidenten Gamal Abdel Nasser nach der Revolution von 1952 zu stürzen.

Nasser hatte den Suezkanal verstaatlicht, der seit seinem Bau im 19. Jahrhundert unter britischer Kontrolle stand. Er forderte den Abzug der britischen Streitkräfte aus Ägypten. Schlimmer noch in den Augen des Westens war seine Unterstützung der *Front de Libération National,* der algerischen antikolonialen Bewegung gegen Frankreich. Israel hielt ihn für einen starken Unterstützer der palästinensischen Sache. Man hoffte, ihn in Zusammenarbeit mit Großbritannien und Frankreich stürzen und einen prowestlichen Führer an seine Stelle setzen zu können.

Am Vorabend dieses Fiaskos behaupteten die israelischen Sicherheitsdienste ohne jegliche Beweise, dass die Palästinenser in Israel revoltieren und sich auf die Seite der Ägypter stellen würden. Darin wurde vorgeschlagen, eine Ausgangssperre über palästinensische Dörfer in Grenznähe zu verhängen, und Kafr Quasim war ein solches Dorf. Dies geschah, obwohl Kafr Quasim an der Grünen Linie lag, an der Grenze zum jordanischen Westjordanland, weit entfernt von Ägypten.

Die Ausgangssperre wurde am Montag, dem 29. Oktober 1956, um 16:30 Uhr verhängt. Gemäß den Bestimmungen sollte jeder – Mann, Frau oder Kind –, der sich nach 17:00 Uhr im Freien aufhielt, erschossen werden. Natürlich waren viele Dorfbewohner nachmittags auf den Feldern beschäftigt und konnten nichts von der Ausgangssperre wissen. Als sie nach der Arbeit nach Hause kamen, wurden sie von der israelischen Grenzpolizei erschossen. Dabei wurden 49 Menschen getötet. Das Massaker ist noch immer eine offene Wunde in der Geschichte und Erinnerung der palästinensischen Minderheit in Israel.

## Ereignisse im restlichen historischen Palästina, 1948–1967

Wie wir gesehen haben, annektierte Jordanien das Westjordanland während des Krieges von 1948. Obwohl die Arabische Liga offiziell beschlossen hatte, dass jede Verwaltung eines Teils des historischen Palästinas, der nicht innerhalb der offiziellen Grenzen Israels lag, eine Übergangsverwaltung bis zur Unabhängigkeit Palästinas sein würde, ignorierte Jordaniens König Abdullah dies. Er vereinigte das Ost- und das Westufer des Jordan und erklärte sich selbst zum König von Jordanien und Palästina. Einige angesehene Familien im Westjordanland begrüßten diesen Schritt und betrachteten ihn als pragmatisch. Doch als die palästinensische Nationalbewegung aus ihren Trümmern erstand, betrachtete sie das Westjordanland als ein Gebiet, das es zu befreien galt.

Es gab einige Flüchtlingslager im Westjordanland; die Flüchtlinge hofften noch immer auf eine Rückkehr, und ein starkes Gefühl palästinensischer Nationalidentität blieb erhalten. Doch in den Flüchtlingslagern im Gazastreifen erwachte die palästinensische Nation mit voller Kraft wieder. Die ersten Widerstandshandlungen begannen, wie auch im Westjordanland, mit Flüchtlingen, die in den ethnisch gesäuberten Dörfern versuchten, ihre verbliebenen Tiere, Ernten und sonstigen Besitztümer zurückzuholen. Die israelischen Streitkräfte verfolgten gegen sie eine Politik des tödlichen Schusswaffengebrauchs. Der nächste Schritt war die Bildung von Guerillaeinheiten, die die israelische Armee und Zivilisten angriffen. Sie wurden *Fedajin* genannt, was auf Arabisch »diejenigen, die bereit sind, sich selbst zu opfern« bedeutet.

Als diese Aktivitäten koordinierter wurden, revanchierte sich Israel mit der Gründung einer neuen Elite-Militäreinheit, der Einheit 101, unter dem Kommando von Ariel Scharon. In einem berüchtigten Vergeltungsakt im Jahr 1953, nachdem die *Fedajin* in Israel drei Zivilisten getötet hatten, griff die Einheit 101 Qibya, ein Dorf im Westjordanland, an, tötete mindestens 69 Menschen und sprengte 45 Häuser in die Luft, in einigen befanden sich noch Menschen.

Diese und ähnliche Aktivitäten an der Grenze zwischen Gaza und Israel intensivierten sich 1955 und dienten Israel als Vorwand für eine kurze Besetzung des Gazastreifens und der Sinai-Halbinsel, wurden jedoch von den USA und der UdSSR zum Rückzug gezwungen.

Nach 1956 knüpften die *Fedajin* im Gazastreifen Kontakte zu neuen Initiativen palästinensischer Studenten im Exil in Ländern wie Ägypten, Kuwait und dem Libanon. Bis 1957 hatten sie sich informell in einer Gruppe namens *Fatah* organisiert, einem umgekehrten arabischen Akronym für »Palästinensische Nationale Befreiungsbewegung«. Am 1. Januar 1965 machte sie mit einer Sabotageaktion gegen Israel Schlagzeilen, bei der sie erfolglos versuchte, einen Teil der nationalen Wasserleitung in die Luft zu sprengen. Israel hatte eine Wasserleitung gebaut, die einen Teil des Jordanwassers umleitete, das durch die Leitung in den Süden Israels fließen sollte. Der Sabotageversuch wurde von den USA verurteilt und verschärfte die Spannungen an der israelisch-syrischen Grenze weiter.

Die neuen Herrscher des Westjordanlands, die Haschemiten-Dynastie in Jordanien, versuchten, den Grenzübertritt palästinensischer Flüchtlinge in ihre ehemaligen Dörfer einzuschränken und die *Fedajin* an Operationen gegen Israel zu hindern. Darüber hinaus versuchte König Hussein, der Enkel von König Abdullah, Anfang der 1950er Jahre weiterhin vergeblich, mit Israel zu verhandeln, um den Konflikt an der Grenze zu beenden. Die *Fedajin* und die israelischen Streitkräfte gerieten weiterhin aneinander.

König Husseins Versuch, das Westjordanland sozusagen zu jordanisieren, scheiterte, und die Bevölkerung dort blieb ihrer palästinensischen Identität treu. Es blieb auch nach 1957 palästinensisch, als König Hussein einen Putschversuch Nasser treuer arabisch-nationalistischer Einheiten der jordanischen Streitkräfte vermutete, die hauptsächlich aus dem Westjordanland stammten. Als Reaktion darauf verhängte König Hussein im Westjordanland eine militärische Ausgangssperre, verbot politische Parteien und führte eine strenge Zensur ein.

Trotz seiner Feindseligkeit gegenüber dem Panarabismus beteiligte sich König Hussein an einer von Nasser geführten Initiative der Arabischen Liga, um das Interesse am palästinensischen Befreiungskampf zu erneuern. 1954 berief die Arabische Liga in Jerusalem den Palästinensischen Nationalrat ein, der die Palästinensische Befreiungsorganisation (PLO) gründen sollte. Er setzte sich aus den ehemaligen politischen Führern der palästinensischen Gemeinschaft während der Mandatszeit zusammen.

Unterdessen schlossen sich radikalere Palästinenser der linksgerichteten panarabischen nationalistischen

Bewegung *Qawmmiya al-Arabiyeáh* an, aus der nach 1967 linke Gruppen innerhalb der PLO hervorgingen, wie beispielsweise die Volksfront zur Befreiung Palästinas (PFLP). Andere schlossen sich kommunistischen Parteien, pansyrischen Parteien und verschiedenen Zweigen der Baath-Partei an (die eine sozialistische pan-arabische Einheit propagierte). Letztere, deren Name auf Arabisch »Renaissance« bedeutet, entwickelte sich zur dominierenden politischen Kraft in Syrien und im Irak.

Der Großteil der politischen Aktivitäten der Palästinenser, ob im Westjordanland, im Gazastreifen oder außerhalb Palästinas, fand in den Flüchtlingslagern statt. Trotz Armut und bitterer Bedingungen konnten die palästinensischen Aktivisten dort Bildung, Sozialleistungen und Solidarität fördern. Die Befreiung Palästinas gelang ihnen zwar nicht, doch sie hielten die Sache Palästinas am Leben: Sie weigerten sich, ihren Anspruch auf Gerechtigkeit aufzugeben.

## Die arabischen Juden

Bevor wir fortfahren, sollten wir etwas über die Zusammensetzung Israels sagen, insbesondere über die 650 000 Juden, die aus der arabischen und muslimischen Welt kamen. Vor 1948 war die zionistische Führung den arabischen Juden gegenüber nicht sehr interessiert, da sie diese grundsätzlich als Araber betrachtete. Aus zionistischer Sicht würden sie den Aufbau eines europäischen Außenpostens im Nahen Osten nicht unterstützen.

Der Holocaust zerstörte jedoch die europäischen jüdischen Gemeinden, sodass die Bevölkerung nur noch ein Drittel ihrer ursprünglichen Größe betrug. Darüber hinaus wanderten die meisten Juden in den USA und Großbritannien nicht nach Israel aus – sie fühlten sich in ihrer Heimat zu wohl. Das bedeutete, dass der Zionismus nach Osten blicken musste, um seinen neuen jüdischen Staat zu bevölkern. Es war jedoch nicht leicht, arabische Juden davon zu überzeugen, Länder zu verlassen, in denen sie oft seit Jahrhunderten, wenn nicht Jahrtausenden, lebten. Sie hatten dort gelebt, hatten wenig Erfahrung mit Antisemitismus und fühlten sich genauso arabisch wie ihre Nachbarn. Die Zionisten mussten auf eine aggressive Überzeugungskampagne zurückgreifen, bei der sie oft auf hinterhältige Methoden zurückgriffen.

In den späten 1940er und frühen 1950er Jahren zielte die zionistische Bewegung vor allem auf die irakische jüdische Gemeinde ab, eine der ältesten noch bestehenden jüdischen Gemeinden der Welt, deren Geschichte bis ins Alte Testament zurückreicht. Wie gelang es der zionistischen Führung, sie zur Massenauswanderung zu bewegen?

Zunächst führte der israelische Geheimdienst Mossad Terroroperationen unter falscher Flagge durch, um Angst in der jüdischen Gemeinde zu verbreiten. Dazu gehörten Bombenanschläge in Synagogen und anderen Gemeindezentren. Zweitens schloss Israel ein geheimes Abkommen mit dem irakischen Premierminister Nuri al-Said, der freudig Gesetze gegen Juden verabschiedete und sie so zur Flucht bewegte. Er nutzte dies als Gelegenheit, sich ihres beträchtlichen Wohlstands und Kapitals zu bemächtigen.

Im Jemen wurde eine andere Taktik angewandt. Jemenitische Juden waren viel religiöser als irakische Juden. Man überredete sie, nach Palästina zu kommen, als Erfüllung einer jüdischen messianischen Prophezeiung, die ihre Rückkehr mit dem Beginn der Erlösung des jüdischen Volkes verband. Ihnen wurde erzählt, dass Zionisten in Palästina eine fromme jüdische Gesellschaft aufbauten. Dies geschah zur gleichen Zeit, als israelische Führer wie David Ben-Gurion von sich selbst sagten, sie würden einen modernen sozialistischen Staat aufbauen.

Spätere Einwanderungswellen aus Nordafrika, Syrien und dem Libanon folgten nach dem Sechstagekrieg 1967. In den zwei Jahrzehnten seit der Staatsgründung Israels gelang es dem zionistischen Staat, die arabische Welt dazu zu bringen, Zionismus mit Judentum gleichzusetzen. Aus Angst vor Verfolgung in ihrer Heimat wanderten arabische Juden daraufhin nach Israel aus.

Die jüdische Gemeinde in Ägypten ist ein besonders interessanter Fall. Auch dort gab es bereits vor dem Aufkommen des Christentums jüdische Bevölkerung. Israel machte den ägyptischen Juden 1954 das Leben schwer, als es eine Handvoll junger Mitglieder der Gemeinde rekrutierte, um Terroranschläge auf westlich verbundene Ziele in Ägypten (wie Bibliotheken und Kinos) zu verüben. Die Hoffnung war, dies würde Ägyptens Beziehungen zum Westen schädigen. Die Terroristen wurden gefasst, doch dies schürte die Spannungen in Ägypten, und die meisten Juden gingen aus Sorge um ihre Sicherheit in einem derart feindseligen Klima nach Israel oder in die USA. Die Affäre ist inzwischen als »Lavon-Affäre« berüchtigt, benannt nach Verteidigungsminister Pinchas Lavon, der die Taten angeordnet, jedoch jede Verantwortung abgestritten hatte. Die Affäre untergräbt den Versuch des israelischen Ministerpräsidenten Moshe Sharett, Frieden mit Ägypten zu vermitteln.

Die altgediente zionistische Führung betrachtete Juden, die aus arabischen und muslimischen Ländern kamen, als minderwertig und hatte keine Angst, ihre Verachtung zu zeigen. Bei ihrer Ankunft in Israel wurden viele arabische Juden in einem gezielten Demütigungsritual mit DDT besprüht. Die Zionisten waren der

Meinung, diese Juden müssten entarabisiert werden. Die Behörden zerlegten große Großfamilien in Kernfamilien, stellten sicher, dass kleine Kinder nur auf Hebräisch unterrichtet und indoktriniert wurden, an die Tapferkeit des israelischen Staates zu glauben, während sie arabische Juden bewusst am Rande der Gesellschaft hielten. Viele der Ankommenden wurden, unabhängig von ihrer Arbeit in ihrem Heimatland, in arme Grenzstädte in der Nähe der benachbarten arabischen Staaten umgesiedelt und waren mangels Alternativen gezwungen, Hilfsarbeiten anzunehmen. Um von den europäischen Juden, die die israelische Elite bildeten, als gleichwertig anerkannt zu werden, war es offensichtlich, dass man seine arabische Vergangenheit vollständig verleugnen musste. Dieses aggressive Projekt war größtenteils erfolgreich. Heute bilden arabische Juden einen der größten Wählerblöcke für rechtsgerichtete Parteien in Israel und sind oft die lautstärksten Befürworter von Gewalt gegen Palästinenser. Sie haben sich als unnachgiebigste Anhänger des Zionismus erwiesen – auch wenn sie noch immer keine Gleichberechtigung erreicht haben.

# 10 AUF DEM WEG ZUM SECHS-TAGE-KRIEG, 1967

Israel verbreitet gerne den Mythos, es stehe allein da, umgeben von Staaten, die es vernichten wollen, und benötige deshalb praktisch unbegrenzte Militärhilfe. Der Sechstagekrieg von 1967 gilt als Beispiel dafür. Doch dies spiegelt die Haltung der arabischen Staaten gegenüber Israel nicht korrekt wider. In den 1950er Jahren war der ägyptische Präsident Gamal Abdel Nasser trotz seiner Unterstützung der palästinensischen Sache bereit, die Möglichkeit eines Abkommens mit Israel zu prüfen. Dieses Abkommen hätte Ägypten eine Landbrücke nach Jordanien, die Rückkehr von Flüchtlingen und die Gründung eines palästinensischen Staates neben Israel ermöglicht. Auf israelischer Seite hatte er jedoch keine verlässlichen Partner. Er hoffte auf eine internationale Intervention, die das den Palästinensern zugefügte Unrecht wiedergutmachen und Israels Expansionismus eindämmen würde. Bis zur Suezkrise 1956 waren sowohl das britische als auch das US-Außenministerium bereit, diese Idee als Verhandlungsgrundlage zu prüfen. Doch nachdem Nasser den Suezkanal verstaatlicht, den britischen Rückzug gefordert und sich an Moskau gewandt hatte, scheiterte diese Initiative. Wie wir gesehen haben, konspirierten die Briten ohne amerikanische Zustimmung mit Frankreich und Israel, um Nasser zu stürzen.

Die israelische Beteiligung an dieser gescheiterten Operation schürte bei Nasser die Befürchtung, dass Israel nicht dort haltmachen würde und die in Syrien und dem Irak etablierten arabisch-nationalistischen Regime stürzen würde. Um dies zu verhindern und seinen Status in der arabischen Welt zu stärken, gelang es ihm 1958, die syrische Regierung zu einem Zusammenschluss mit Ägypten zu bewegen. Diese Republik wurde Vereinigte Arabische Republik (VAR) genannt und hielt nur drei Jahre. Doch auch nach ihrem Zerfall blieben Ägypten und Syrien strategische Verbündete, vereint durch die Angst vor einem unmittelbar bevorstehenden israelischen Angriff auf Syrien und das Bekenntnis zur Befreiung Palästinas. Als Israel Mitte der 1960er Jahre mit seinem Projekt begann, das Wasser des Jordan zu seinem nationalen Wasserträger umzuleiten, verursachte dies ständige Reibereien an der israelisch-syrischen Grenze.

Doch selbst Jordanien, das noch immer von der Haschemiten-Dynastie regiert wurde und mit den panarabischen Bewegungen in Ägypten und Syrien rivalisierte, teilte diese Befürchtung vor israelischer Aggression.

Schließlich unterzeichnete es im Mai 1967 ein Vertei-
digungsabkommen mit Ägypten.

Es gab guten Grund zur Nervosität. Jordaniens
Grenze zu Israel war zu einem Schlachtfeld geworden.
Seit 1965 startete die Fatah, die palästinensische Gue-
rilla, Operationen von Jordanien und dem Westjordanland aus. Dies führte zu brutalen Vergeltungsschlägen
israelischer Streitkräfte, die in jordanisches Gebiet ein-
drangen. Im November 1966 marschierten israelische
Streitkräfte im Dorf Samu ein, um die Fatah anzugreifen. Es kam zu Zusammenstößen mit der jordanischen
Armee, bei denen 15 Soldaten und ein Pilot getötet wurden. Dies trieb die Region weiter in einen umfassenden
Krieg.

Die Regierungen Ägyptens, Jordaniens und Syriens
befürchteten, Israel plane einen Angriff auf Syrien.
Nasser entschied sich für eine Brinkmann-Taktik. Das
bedeutete, Militärmanöver durchzuführen, in der Hoffnung, die internationale Gemeinschaft zu einem er-
neuten Eingreifen in die Zukunft Palästinas nach dem
Mandat zu bewegen. Zu diesem Zweck verlegte er Truppen auf die Sinai-Halbinsel, die 1956 unter UN-Aufsicht
entmilitarisiert worden war, und schloss die Straße von
Tiran, die vom Roten Meer in den Golf von Aqaba führt
und zur israelischen Hafenstadt Eilat führt.

Israel nutzte diese Politik des Risikos jedoch, um
eine Vision umzusetzen, die viele seiner Führer vor-

antreiben wollten: Großisrael. Großisrael entsprach dem gesamten historischen Palästina, nämlich Israel, dem Westjordanland und dem heutigen Gazastreifen. All dies wäre durch und durch ein jüdischer Staat. In den höchsten Rängen der israelischen Regierung gab es eine Großisrael-Lobby. Sie bestand hauptsächlich aus ehemaligen Generälen des Krieges von 1948 und alten Ideologen der Arbeiterbewegung, die allesamt bedauerten, 1948 nicht das gesamte historische Palästina erobert zu haben. Unterstützt wurden sie von einer damals kleinen Gruppe religiöser Zionisten, jungen Schülern einer Jeschiwa in Jerusalem, dem sogenannten Rabbinerzentrum (Mercaz Harav). Sie waren Schüler eines Rabbiners namens Zvi Kook, der sie lehrte, dass die Kolonisierung des Westjordanlands und des Gazastreifens Gottes Wille und ein religiöses Gebot sei.

Diese Lobby hatte bereits mehrfach versucht, den bis 1963 amtierenden israelischen Premierminister David Ben-Gurion davon zu überzeugen, dass die Verletzung des Waffenstillstandsabkommens mit Jordanien und die Besetzung des Westjordanlands gerechtfertigt seien. 1958 behauptete die Lobby, Jordanien stehe kurz vor einem Putsch der Nasseriten und es wäre für Israel ratsam, eine feste Grenze am Jordan und die Kontrolle über das Westjordanland zu haben. Ein zweiter großer Versuch ereignete sich 1960, als Nasser fälschlicherweise annahm, Israel stehe kurz vor einem Angriff auf

Syrien und ergriff ähnliche Maßnahmen wie die HR vor Juni 1967: Truppen wurden auf die Sinai-Halbinsel geschickt und die Straße von Tiran geschlossen. Israel rekrutierte seine Reservearmee, was ausreichte, um die Spannungen abzubauen. Beide Versuche wurden von David Ben-Gurion, dem Architekten der ethnischen Säuberungen von 1948, vereitelt. Nachdem er 1948 die Vertreibung von bis zu einer Million Palästinensern überwacht hatte, hegte er kein Interesse daran, diese palästinensischen Gebiete in einen jüdischen Staat einzugliedern.

Doch Ben-Gurion wurde 1963 aus der etablierten Politik verdrängt, und seine Nachfolger waren der Idee eines Großisraels weitaus aufgeschlossener. Die Regierung berief sogar eine spezielle Expertengruppe ein, um einen Plan für die Herrschaft über das Westjordanland und den Gazastreifen auszuarbeiten, falls diese beiden Gebiete in die Hände Israels fallen sollten. Michael Shaham, der die Militärherrschaft über die palästinensische Bevölkerung leitete, leitete das Team. Das Programm, heute als Shaham-Plan bekannt, wurde zwischen 1963 und 1964 fertiggestellt und enthielt klare Richtlinien für den Aufbau eines Militärrechtssystems nach der Besatzung, um Polizeiarbeit und Bevölkerungskontrolle zu ermöglichen. Genau das geschah im Juni 1967.

Da ein Krieg ein nützlicher Vorwand für die Besetzung des begehrten Gebiets gewesen wäre, achtete Israel darauf, alle Auswege zur Kriegsvermeidung nicht zu nutzen. Und davon gab es mehrere. Mit genügend Willen hätte die internationale Gemeinschaft die Situation deeskalieren können, doch Israel war entschlossen, die Spannungen auszunutzen, um einen Krieg zu beginnen, der es ihm ermöglichen würde, die Teile des historischen Palästinas zurückzuerobern, die es 1948 nicht erobert hatte.

Israel startete seinen koordinierten Angriff am 5. Juni 1967 und begann mit der Zerstörung der Luftstreitkräfte Ägyptens, Syriens und Jordaniens. Innerhalb von sechs Tagen errichtete die israelische Armee ein Mini-Imperium und besetzte das Westjordanland, den Gazastreifen, die Sinai-Halbinsel und die Golanhöhen.

Um den Konflikt zu verstehen, müssen wir uns nicht mit den Beziehungen zwischen Israel und Ägypten oder Syrien befassen, die sich nach Juni 1967 entwickelten. Wir werden uns weiterhin auf das historische Palästina konzentrieren. Wir sollten jedoch beachten, dass Israel, als es im Sechstagekrieg die Golanhöhen einnahm, fast einhundert Dörfer in der Region ethisch säuberte und ihre Bewohner nach Syrien vertrieb. Israel setzte daher die Kolonisierung dieser Gebiete mit denselben Methoden fort, die es 1948 perfektioniert hatte.

# 11 DIE ENTSTEHUNG DER ZWEI GRÖSSTEN GEFÄNGNISSE DER WELT, 1967−2000

Israels Aktionen von 1948 bis 1967 machten deutlich, dass die zionistische Bewegung ein fortwährendes siedlerkolonialistisches Projekt ist, das möglichst viel Land mit möglichst wenig einheimischer Bevölkerung anstrebt. Bis 1967 hatte Israel nur 78 % des historischen Palästina erobert und damit seine Ziele nicht vollständig erreicht.

Doch der Sechstagekrieg verschaffte Israel die Kontrolle über das gesamte historische Palästina. Was würde es nun tun? Die dreizehnte Regierung Israels versuchte, diese Frage zu beantworten.

Es war die pluralistischste Regierung, die Israel je hatte. Jede zionistische Partei war in dieser Regierung vertreten, und selbst die ultraorthodoxen religiösen Parteien gehörten ihr an. Die Einigkeit dieser scheinbar bizarren Koalition ermöglichte es ihr, strategische Entscheidungen zu treffen, die das Schicksal Israels und Palästinas bis heute bestimmen. Glücklicherweise wurden die Protokolle dieser Regierungssitzungen in den letzten Jahren vom israelischen Staatsarchiv freigegeben. Daher kennen wir die damals getroffenen Entscheidungen und die Begründungen im Detail.

Doch zunächst wollen wir das Problem noch einmal aus der Perspektive des Siedlerkolonialismus definieren. Die besetzten Gebiete, insbesondere das Westjordanland, wurden von der Dreizehnten Regierung als entscheidend erachtet. Für einige Teile der Regierung war die Kontrolle des Westjordanlandes notwendig, da die Region als das Herz des biblischen Israels und damit als »das Herz der Nation« galt, wo sich biblische Städte wie Hebron und Bethlehem befanden. Für andere war es eine notwendige territoriale Erweiterung Israels, um den Jordan als strategische Barriere gegen eine mögliche Ostfront in einem zukünftigen arabisch-israelischen Krieg zu haben. Das ist etwas absurd – und ein Blick auf die Karte genügt, um zu verstehen, warum. Der Jordan ist durchschnittlich 30 Meter breit – keine vorrückende Armee hätte Schwierigkeiten, ihn zu überqueren.

Es gab jedoch ein offensichtliches Problem. Sowohl das Westjordanland als auch der Gazastreifen hatten eine große palästinensische Bevölkerung. Wie erobert man ein Gebiet ohne die Bevölkerung? Wie wir gesehen haben, bestand die Lösung 1948 darin, die Gebiete ethnisch zu säubern und die Rückkehr der Palästinenser zu verhindern. Konnte dasselbe nach dem Sechstagekrieg geschehen?

Die Regierung entschied, dass dieselben Methoden nicht angewendet werden konnten. Sie traf mehrere Entscheidungen, die die israelische Strategie gegenüber dem Westjordanland und dem Gazastreifen bis 2005 prägen sollten.

Die erste Entscheidung der Regierung bestand darin, die Mehrheit der Palästinenser in den neu besetzten Gebieten bleiben zu lassen und nur eine relativ kleine Zahl zu vertreiben, zumindest im Vergleich zu 1948. Insgesamt vertrieb Israel rund 300 000 Palästinenser aus den 1967 besetzten Gebieten, hauptsächlich aus den Flüchtlingslagern nahe Jericho, der Altstadt von Jerusalem und dem Großraum Jerusalem.

Zweitens entschied sich die israelische Regierung, den Palästinensern in den besetzten Gebieten die israelische Staatsbürgerschaft nicht zu gewähren. Dies sorgte innerhalb der Regierung für größere Kontroversen – einige Minister fragten sich, wie lange jemand als Untertan einer Regierung ohne jegliche bürgerliche Rechte leben könne. Verteidigungsminister Moshe Dayan sagte unverblümt, die Menschen könnten so mindestens 50 Jahre leben. Mit anderen Worten: Sie hatten kein Interesse daran, dass dieser Zustand nur vorübergehend war.

In der Praxis haben wir gelernt, dass Millionen von Menschen ihre Staatsbürgerschaft, d. h. ihr Mitspracherecht bei den Entscheidungen, die ihr Leben prägen,

nur durch systematische Unterdrückung entzogen werden kann. Ein solcher Status quo lässt sich nur durch
ein Polizei- und Kontrollsystem aufrechterhalten, das
ihre grundlegenden Bürger- und Menschenrechte verletzt. Zu diesem Zweck wurden die bis 1967 zur Kontrolle der palästinensischen Minderheit in Israel geltenden Notstandsverordnungen auf das Westjordanland
und den Gazastreifen angewendet, genau wie es das
Schaham-Team vor dem Krieg geplant hatte. Diese Bestimmungen verliehen der Armee die absolute Macht,
Menschen ohne Gerichtsverfahren festzunehmen, Geschäfte, Schulen und Arbeitsplätze zu schließen, Ausgangssperren und Schließungen zu verhängen sowie
Menschen zu deportieren und Zivilisten ungestraft zu
schikanieren.

Bei diesen Treffen wurde noch eine weitere grund-
legende Entscheidung getroffen. Israel hatte zwar keine
grundsätzlichen Einwände gegen einen Friedensprozess, dieser würde jedoch niemals die Aufgabe der Kontrolle über das Westjordanland und den Gazastreifen
beinhalten. Dies hat im Laufe der Jahre zu einer sehr
unredlichen israelischen Haltung geführt, insbesondere innerhalb der Arbeitspartei (in der Regierung von
1969 bis 1977; gemeinsam mit ihr in den Einheitsre-
gierungen von 1984 bis 1990, 1992 bis 1996 und 1999
bis 2001). Die israelischen Regierungen behaupten, sie
seien bereit, an einem Friedensprozess teilzunehmen,

in dem das Schicksal des Westjordanlands und des Gazastreifens erörtert würde, in der Praxis stellen sie sich jedoch kein Israel vor, dass keine direkte oder indirekte Kontrolle über diese Gebiete hat. Die israelische Regierung vertritt diese Position bis heute und hat sie im Laufe des Jahrzehnts sogar noch verstärkt.

Die dreizehnte Einheitsregierung von 1967 wurde durch von der Labour-Partei dominierte Regierungen ersetzt, die Israel die folgenden acht Jahre (1969–1977) regierten. Während ihrer Amtszeit war die offizielle israelische Position als »jordanische Option« bekannt und wurde vom Labour-Politiker Yigal Allon vorgeschlagen, der seit langem an ein Großisrael glaubte. Gemäß den Bedingungen des Plans würde Israel die Kontrolle über bestimmte Teile des Westjordanlands an Jordanien abtreten und den Rest übernehmen. Dies würde es den Jordaniern ermöglichen, das am dichtesten von Palästinensern besiedelte Gebiet zu annektieren und die weniger dicht besiedelten Gebiete, selbst wenn sie an die Grenze zu Jordanien grenzten, in israelischer Hand zu belassen.

Obwohl nichts dabei herauskam, drängte Allon darauf, dass sich Juden in den Westjordanlandgebieten ansiedelten, die er als zu Israel gehörend identifizierte. So gründete die Labour Party die ersten illegalen jüdischen Siedlungen im Jordantal nahe Hebron, Bethlehem und dem Großraum Jerusalem. Allon war auch für den ersten Versuch verantwortlich, die Palästinenser aus den südlichen Hebron-Bergen, einem Gebiet namens Masafer Yatta, zu vertreiben, um die territoriale Integrität der Juden vom Negev bis zum Jordan zu etablieren. Die Palästinenser dort leisteten Widerstand und widersetzen sich bis heute der ethnischen Säuberung in dieser Region. Nach den Ereignissen vom 7. Oktober 2023, als alle Augen auf Gaza gerichtet waren, gelang es jüdischen Siedlern in diesem Gebiet mit der vollen Unterstützung der israelischen Armee, Tausende von Palästinensern aus ihren dortigen Dörfern zu vertreiben.

Das Problem für die Labour Party bestand jedoch darin, dass die Siedler ihre eigenen Vorstellungen davon hatten, wo sie leben wollten, und sich durch keine diplomatischen Feinheiten einschränken ließen. Eine neue messianische Bewegung von Juden, die 1974 zu Gush Emunim (Block der Gläubigen) wurde, brachte Tausende von Juden ins Westjordanland und in den Gazastreifen. Ihr Slogan lautete: »Das Land Israel für das Volk Israel gemäß der Thora Israels«.

Gush Emunim ließen sich genau in den Gebieten nieder, die der Allon-Plan an Jordanien abgetreten hätte. Sie verwendeten ein biblisches »ap«, das auf die am dichtesten besiedelte palästinensische Gebiete des Westjordanlands als Ausgangspunkt ihrer Siedlungen verwies. Sie versuchten, die jüdischen Siedlungen zu vollendeten Tatsachen zu machen, und die Regierung ließ sie gewähren.

All diese Siedlungen waren und sind nach dem Völkerrecht, insbesondere der Genfer Konvention, illegal. Gemäß der Vierten Genfer Konvention ist es Staaten nicht gestattet, ihre Bürger in besetzte Gebiete umzusiedeln und das besetzte Land nicht mit Gewalt einzunehmen. Als Menschenrechtsorganisationen versuchten, die Siedlungen in ihrer Anfangsphase anzufechten, genehmigte der Oberste Gerichtshof Israels die Siedlungen mit der Begründung, sie seien vorübergehend und dienten ausschließlich Verteidigungs- und nationalen Sicherheitszwecken. Später legalisierte derselbe Oberste Gerichtshof die Umwandlung dieser »militärischen« Außenposten in zivile Siedlungen. Israel behauptet somit, es sei aus dem Schneider – das Völkerrecht bleibt jedoch unverändert.

Neue Siedlungen im Gazastreifen begannen bereits 1968. Unter Premierminister Yitzchak Rabin, in seiner ersten Amtszeit zwischen 1974 und 1977, förderte auch die Arbeitspartei die Ansiedlung von Juden im Gazastreifen und schuf so das, was später Gush Katif wurde, eine dichte Konzentration jüdischer Siedlungen im Gazastreifen.

Der Gazastreifen war eine Erfindung der Israelis im Jahr 1948, die mit einem scheinbar unlösbaren Flüchtlingsproblem konfrontiert waren. Doch trotz der Bemühungen Allons und anderer Visionäre eines größeren Israels gelang es der israelischen Regierung nach 1967 nur, einige Tausend Menschen dort anzusiedeln. Viel mehr siedelten sich auf der von Israel besetzten Sinai-Halbinsel an, was Israel dazu veranlasste, dort zwei neue Städte zu errichten. Deren Bewohner wurden 1979, als Israel Frieden mit Ägypten schloss, vertrieben.

Die Bemühungen um die Judaisierung beschränkten sich unter der Labour-Regierung nicht nur auf das Westjordanland und den Gazastreifen. Die Hälfte der palästinensischen Bürger Israels lebte in der Region Galiläa und stellte die Hälfte der Bevölkerung des Gebiets. Israel wollte das demografische Gleichgewicht drastisch verschieben, um Juden in die Mehrheit zu bringen. Obwohl es seit 1948 sporadische Bemühungen gegeben hatte, leitete die Labour-Regierung 1976 das Projekt der »Judaisierung Galiläas« ein. Sie beschlagnahmte arabisches Land und errichtete neue Militärstützpunkte und jüdische Siedlungen.

Die palästinensische Gemeinschaft in Galiläa machte sich keine Illusionen über die Geschehnisse. Um gegen den anhaltenden Landraub zu protestieren, rief sie im März 1976 einen Streiktag aus. Israel reagierte rücksichtslos und tötete sechs palästinensische Bürger. Dieser Tag wurde zum »Tag des Landes«, den Palästinenser in Israel und den besetzten Gebieten jährlich begehen.

## Internationale Immunität für die Besatzung

INTERNATIONALE IMMUNITÄT FÜR DIE BESAT-ZUNG Unmittelbar nach dem Sechstagekrieg übernahmen die USA die Verantwortung für die Bemühungen zur »Lösung« des Konflikts. Vor 1967 hatten sich die USA von jeglichen diplomatischen Bemühungen zur Veränderung der Realität im historischen Palästina ferngehalten und dies nicht als ihre Aufgabe angesehen. Bis zur Ermordung von Präsident John F. Kennedy im November 1963 erfolgten amerikanische diplomatische Interventionen in dieser Angelegenheit in den seltenen Fällen, in denen sie stattfanden, nicht mit Israel abgestimmt. Und obwohl die US-Regierung behauptete, Israel grundsätzlich zu unterstützen, kollidierten die Positionen Amerikas zeitweise mit den Handlungen und Wünschen Israels. Bis 1963 unterstützte die amerikanische Regierung noch das Rückkehrrecht der palästinensischen Flüchtlinge, war von der israelischen Umleitung des Jordans nicht begeistert und verurteilte gelegentlich die exzessiven israelischen Vergeltungsmaßnahmen gegen die palästinensische Guerillabewegung auf jordanischem und syrischem Hoheitsgebiet. Die USA weigerten sich auch, Israel beim Aufbau seiner Atomkapazitäten zu unterstützen; Israel musste sich hierfür an Frankreich wenden.

1963 wurde jedoch das AIPAC (American Israel Public Affairs Committee), eine bedeutende pro-israelische Lobbygruppe, gegründet. Es baute eine umfassende politische Maschinerie auf, die dafür sorgte, dass die große Mehrheit der amerikanischen Politiker Israel bedingungslos unterstützte. Selbst wenn die Regierung mit der israelischen Politik unzufrieden war, führte dies nie zu sinnvollen Maßnahmen.

Die letzte vergebliche Verurteilung durch die USA erfolgte nach dem Ende des Sechstagekriegs, als Israel Ostjerusalem offiziell annektierte. Schon 1949 hatten sich die USA anderen Ländern angeschlossen und die israelische Entscheidung verurteilt, Westjerusalem zu seiner Hauptstadt zu machen und damit gegen die Bestimmungen der UN-Teilungsresolution zu verstoßen, die Jerusalem als internationale Stadt vorsah. Und so befand sich die US-Botschaft bis zur Präsidentschaft Donald Trumps in Tel Aviv und nicht in Jerusalem.

Doch nach dem Krieg von 1967 verfolgten die USA eine andere Strategie, die ihre Prioritäten bis heute prägt. Diese Strategie basierte auf der Annahme, dass der Konflikt 1967 begann, dass Israel keine Schuld daran trug und dass es großzügig wäre, wenn Israel im Interesse des Friedens einige Gebiete aufgeben würde. Grundlage dieser Strategie war die Resolution 242 des UN-Sicherheitsrats als Reaktion auf den Krieg von 1967. In einer Version der Resolution 242 wurde Israel

aufgefordert, sich aus allen besetzten Gebieten zurückzuziehen und die territoriale Integrität seiner Nachbarn
als Voraussetzung für Frieden anzuerkennen. Israel be-
tonte jedoch, dies bedeute lediglich den Rückzug aus
einigen Gebieten, was schnell zu einem typischen Verhalten Israels wurde.

Die UN bekräftigte dieses Prinzip auch nach dem
Jom-Kippur-Krieg im Oktober 1973, in dem Ägypten
und Syrien Israel mit dem Ziel angriffen, die besetzten Golanhöhen zu erobern. Israel wehrte den Angriff
mit Unterstützung der USA ab, was zu einem langen
Waffenstillstand führte, der schließlich in einem Frie-
densvertrag zwischen Israel und Ägypten mündete. Die
Resolution 338 des UN-Sicherheitsrats forderte die Umsetzung der Resolution 242 und legte Lippenbekennt-
nisse zu den Rechten palästinensischer Flüchtlinge ab,
sowohl zu denen von 1948 als auch zu denen von 1967.

Vor dem Jom-Kippur-Krieg wurde diese amerikanische Strategie, die sich aus der UN-Resolution 242 ab-
leitete, auch von der europäischen Wirtschaftsgemein-
schaft unterstützt. Die USA setzten sie jedoch nicht
einheitlich und konsequent um; ihre Umsetzung vari-
ierte je nach Persönlichkeit des jeweiligen Präsidenten.
Offensichtlich schlägt ein Obama einen anderen Ton an
als ein Trump.

Während der Regierung Richard Nixons (1969–1974)
beteiligten sich die USA an den ersten Versuchen, eine

auf Resolution 242 basierende Lösung voranzutreiben. Als Außenminister versuchte William Rogers, den gleichnamigen Rogers-Plan für den Frieden umzusetzen, der den Rückzug Israels aus den ägyptischen Gebieten und einen dauerhaften Frieden zwischen Israel und Ägypten vorsah. Die Palästinafrage ignorierte er. Doch Nixons Nationaler Sicherheitsberater Henry Kissinger, der später Rogers› Posten als Außenminister übernehmen sollte, war ihm unterlegen.

Das Unterfangen scheiterte; ein Misserfolg, der 1973 zum Jom-Kippur-Krieg führte.

Es gab einen alternativen Versuch, der von arabischen und afrikanischen Ländern bei den Vereinten Nationen befürwortet wurde und einen ganz anderen Ansatz für das Problem des historischen Palästinas vorschlug. Die neu entkolonialisierten Länder, insbesondere aus Afrika, unterstützten gemeinsam die Schwarzen in Südafrika in ihrem Kampf gegen das Apartheidregime. Sie waren der Ansicht, Israel sei ein weiterer Apartheidstaat, dem man auf die gleiche Weise Widerstand leisten müsse. In ihren Augen waren der Afrikanische Nationalkongress (ANC) und die Palästinensische Befreiungsorganisation (PLO, gegründet 1964 als Dachorganisation aller palästinensischen Widerstandsgruppen) beides legitime antikolonialistische Bewegungen. 1975 gelang es diesen Mitgliedsstaaten, in der UN-Generalversammlung eine Resolution zu verabschieden, in der es hieß, Zionismus sei »eine Form von Rassismus und radikaler Diskriminierung«. Diese Resolution blieb bis 1991 bestehen und wurde dann durch eine neue, von den USA eingebrachte Resolution aufgehoben. Sie war neben dem bewaffneten Kampf Teil der diplomatischen Front der zweigleisigen Strategie der PLO zur Befreiung Palästinas.

Die Verhandlungsbereitschaft der PLO verlieh der Organisation in ganz Europa größere Legitimität. Weltweit wurden PLO-Gesandtschaften eröffnet. Doch die PLO gab den Guerillakrieg nicht auf, manchmal zu ihrem eigenen Nachteil. Eine ihrer Operationen, die nach hinten losging, war die Entführung der israelischen Delegation bei den Olympischen Spielen 1972 in München durch den militanten Ableger Schwarzer September. Elf israelische Delegationsmitglieder verloren bei einem missglückten Rettungsversuch der deutschen Polizei ihr Leben. Israel revanchierte sich, indem es im Rahmen der sogenannten Operation »Zorn Gottes« über einen Zeitraum von zwanzig Jahren PLO-Führer in Europa und der arabischen Welt ermordete.

Sechs Jahre später unternahm die Fatah eine weitere Operation: Sie entführte einen Bus von Haifa nach Tel Aviv und tötete dabei 37 Zivilisten. Diesmal reagierte Israel mit der Besetzung des Südlibanon, wo die PLO seit 1970 ihren Stützpunkt hatte. Es wollte die gesamte Infrastruktur der PLO dort zerstören. Bis 1970 waren das Hauptquartier und die Hauptstreitkräfte der PLO in den palästinensischen Flüchtlingslagern in Jordanien konzentriert. Die haschemitischen Herrscher fühlten sich jedoch dadurch bedroht, dass die PLO und ihre Untergruppen jordanisches Gebiet als Basis für Angriffe auf israelisches Gebiet nutzten. Im September 1970 beschlossen die Jordanier, gegen die Präsenz der PLO in Jordanien vorzugehen und begannen eine rücksichtslose Militärkampagne gegen die PLO, die darin gipfelte, dass die PLO ihr Hauptquartier nach Beirut und in den Südlibanon verlegte. Im Südlibanon schlossen sich Freiwillige aus vielen Teilen der Welt den palästinensischen Gruppen zur Guerillaausbildung an. 1978 war Israel nicht gerade erfreut darüber, dass seine Gegner bereits acht Jahre Guerillatraining absolviert hatten, und startete die Operation Litani, benannt nach dem Fluss dreißig Kilometer von der israelisch-libanesischen Grenze entfernt.

Israel besetzte den Südlibanon bis zum Fluss Litani und griff direkt in den seit 1975 tobenden libanesischen Bürgerkrieg ein. Im Libanon kämpften sunnitische Milizen, linke Gruppen, rechtsgerichtete maronitische Christen, die als Phalangiten bekannt sind, und eine schiitische militante Gruppe namens Amal (der Vorgänger der Hisbollah) um die Kontrolle des Landes. Die PLO und Syrien hatten bereits Partei ergriffen. In dem Kräfteverhältnis, das entstand, befanden sich die PLO und die maronitischen Phalangisten in rivalisierenden Lagern. Als Israel beschloss, in den Südlibanon einzumarschieren, verbündete es sich mit einer maronitischen südlibanesischen Armee unter dem Kommando von Major Haddad, deren Soldaten aus den maronitischen und schiitischen Gemeinden im Südlibanon stammten.

Die südlibanesische Armee regierte de facto den Südlibanon für Israel und ersetzte die PLO als dortige Streitmacht. Doch die PLO kämpfte weiter, und 1981 wurde die Grenze zwischen Libanon und Israel erneut zum Schlachtfeld. Dennoch einigten sich beide Seiten Anfang 1982 durch amerikanische Vermittlung auf einen Waffenstillstand. Dieser hielt jedoch nicht lange. Innerhalb weniger Monate verletzte Israel seine Bedingungen.

## Sharons Krieg gegen die Palästinenser, 1981–1982

Dieser Rückfall in den Krieg war auf die Entscheidungen des ehrgeizigen neuen Verteidigungsministers Ariel Sharon zurückzuführen, der von der rechtsgerichteten Regierung Menachem Begins (1977–1983) ernannt worden war. Er war fest entschlossen, sowohl das Westjordanland als auch den Gazastreifen zu annektieren, ob offiziell oder nicht. Wie wir gesehen haben, war dies nicht seine erste Auseinandersetzung mit den Palästinensern. 1953 leitete er die Einheit 101, die das berüchtigte Massaker von Qubya verübte. Als Generalkommandeur der südlichen Gebiete Israels führte er zwischen 1968 und 1970 einen gnadenlosen Unterdrückungsfeldzug gegen Palästinenser im Gazastreifen, die sich an Widerstandsaktivitäten beteiligten.

Obwohl seine Karriere in Regionen florierte, die normalerweise mit der israelischen Arbeiterpartei in Verbindung gebracht werden, half er 1977 Menachem Begin beim Aufbau eines bedeutenden rechten politischen Blocks, des Likud, der die Schaffung eines Großisraels, d. h. die Annexion des Westjordanlands und des Gazastreifens, befürwortete.

Noch bevor er Verteidigungsminister wurde, war er in seinen vorherigen Regierungsämtern die treibende Kraft hinter der Ausweitung der jüdischen Siedlungen im Westjordanland. Als er das Verteidigungsministerium übernahm, ersetzte er die Militärherrschaft durch eine Zivilverwaltung, die er 1981 über das Westjordanland und den Gazastreifen verhängte. Die Zivilverwaltung wurde von Israel als Quasi-Regierung der besetzten Gebiete geführt; sie trieb Israel einen Schritt weiter auf dem Weg zur Annexion. In der Praxis wurde das Leben der Palästinenser dadurch noch unerträglicher, da zu der Demütigung durch die militärische Unterdrückung noch die Schikanen einer feindseligen Bürokratie hinzukamen. Als Palästinenser im Westjordanland oder im Gazastreifen durfte man sich nicht frei bewegen, keiner Arbeit nachgehen, keine Universität besuchen oder ein Krankenhaus aufsuchen, ohne die erforderlichen Genehmigungen der Zivilverwaltung einzuholen.

Diese Genehmigungen wurden an Kontrollpunkten geprüft. Sie wurden zum Fluch des täglichen Lebens der Palästinenser. Soldaten schikanierten, misshandelten und verfolgten Palästinenser wie selbstverständlich. Der israelische Sicherheitsdienst nutzte die Kontrollpunkte, um Druck auf Palästinenser auszuüben, damit diese als Informanten kollaborierten oder ihnen die benötigten Genehmigungen verweigert wurden.

Die lokale palästinensische Führung unter der Besatzung reagierte 1978 mit der Gründung eines Nationalkomitees, Laynat al-Tawjih (arabisch: »Führungskomitee«). Es suchte nach gewaltfreien Mitteln zur Beendigung der Besatzung, doch seine Anführer wurden von der israelischen Armee verhaftet und von jüdischen Siedlern angegriffen.

Aber das war Sharon nicht genug. Er versuchte zunächst, eine alternative palästinensische Führung, die sogenannte »Dorfliga«, zu gründen, die loyal zu Israel stehen sollte, doch dieser Versuch blieb erfolglos. Die damalige Führung im Westjordanland und im Gaza-

streifen stand der PLO als einzigem Vertreter des palästinensischen Volkes treu zur Seite, der bereit war, über
eine Zweistaatenlösung zu diskutieren, und forderte die
Rückkehr der Flüchtlinge.

Das PLO-Hauptquartier befand sich damals im Libanon. Trotz der israelischen Besetzung des Südlibanon
im Jahr 1978 übte die PLO weiterhin starken Einfluss
auf die Politik der Palästinenser aus, wo immer sie sich
befanden. Sharon glaubte, aufgrund des Einflusses der
PLO keine alternative palästinensische Führung aufbauen zu können.

Sharon suchte nach einem Vorwand, nicht nur die
PLO im Libanon zu zerstören, sondern auch eine pro-
israelische Regierung im Libanon zu installieren. Die
Gelegenheit bot sich am 4. Juni 1982, als die PLO-unab-
hängige Abu-Nidal-Gruppe versuchte, den israelischen
Botschafter in London, Shlomo Argov, zu ermorden.
Zwei Tage später begann Israel die sogenannte Ope-
ration Frieden für Galiläa, auch bekannt als der Erste
Libanonkrieg. Dies war Scharons Versuch, den palästi-
nensischen Widerstand zu beenden. Doch er scheiterte.

Der israelischen Armee gelang es, weite Teile des Libanon zu besetzen, darunter auch die Hauptstadt Beirut. Unterstützt wurde sie dabei von den Phalangisten,
der rechtsgerichteten maronitischen Miliz, die hoffte,
mit Scharon mehr Macht im Libanon zu erlangen. Mit
Israels Hilfe wurde Bashir Gemayel, ein Mitglied ihrer

Gruppe, für kurze Zeit zum Präsidenten gewählt, der sich für Frieden mit Israel aussprach. Dieses Bündnis ermöglichte es den Phalangisten auch, im September 1982 Tausende Palästinenser in zwei Flüchtlingslagern, Sabra und Shatila, zu massakrieren.

Die israelische Armee verhängte eine Belagerung über Beirut und bombardierte die Stadt unaufhörlich. Unter der Führung von Jassir Arafat kapitulierte die PLO und stimmte zu, ihr Hauptquartier nach Tunis zu verlegen. Sie verließen den Libanon im September 1982. Die israelische Armee zog sich aus Beirut in den Süden des Libanon zurück.

Daraufhin begann ein neuer Widerstandskampf gegen die israelische Besatzung des Südlibanon, angeführt von der neuen schiitischen Hisbollah. Nach einem langen Guerillakrieg zwang die Hisbollah im Jahr 2000 die israelische Armee zum vollständigen Rückzug aus dem Libanon.

Die Entmachtung der PLO nach ihrer Verlegung nach Tunis beeinträchtigte ihre Fähigkeit, den Kampf für die Befreiung Palästinas fortzusetzen. Um die Situation zu verbessern, beschloss die PLO trotz der Unzuverlässigkeit des Königreichs, eng mit Jordanien zusammenzuarbeiten und sich an den amerikanischen Friedensbemühungen zu beteiligen. Israel war jedoch weder mit Jordanien noch mit der PLO bereit, eine Einigung über die Zukunft der besetzten Gebiete zu erzielen.

# 12 ZWISCHEN ZWEI INTIFADAS, 1987–2000

1987 hatten die Menschen in den besetzten Gebieten genug von zwanzig Jahren Zwangsvertreibungen, Verhaftungen, langwierigen und ungeklärten Inhaftierungen und Misshandlungen, die zur Routine geworden waren. Sie wollten nicht darauf warten, dass eine geläuterte PLO sie in ihrem Befreiungskampf anführte. Im Dezember 1987 brach nach der Kollision eines israelischen Lastwagens mit einem Zivilfahrzeug in Gaza die Erste Intifada (arabisch: »Aufstand«) aus. Es handelte sich dabei überwiegend um eine gewaltfreie Protestbewegung, in der es den Palästinensern gelang, Dörfer und Stadtteile für kurze Zeit zu kontrollieren und auf der Grundlage von Solidarität und Selbstversorgung zu verwalten. Die israelische Armee reagierte mit aller Gewalt. Bekanntlich befahl der damalige Verteidigungsminister Jitzchak Rabin den Soldaten, den Demonstranten »die Knochen zu brechen«. Es kam zu weitverbreiteten Solidaritätsdemonstrationen der Palästinenser in Israel mit dem Aufstand.

Der Aufstand dauerte bis 1993. Israel tötete über tausend Palästinenser, verhaftete Menschen ohne Gerichtsverfahren und verhängte Kollektivstrafen wie Hauszerstörungen, Ausgangssperren, Schulschließungen und Ausweisungen.

Die Lage verschärfte sich Anfang der 1990er Jahre nach Saddam Husseins Invasion in Kuwait. Der Vorsitzende der PLO, Jassir Arafat, beschloss, Saddam zu unterstützen, während der Großteil der arabischen Welt die Invasion verurteilte. Infolge dieser Entscheidung isolierte sich die PLO international weiter. Sie verlor zudem die Unterstützung einer wichtigen Supermacht, die sie während des Jahrzehnts genossen hatte: Die UdSSR brach zusammen und hinterließ Russland in einer inneren Krise.

Doch der erste Golfkrieg hatte auch seine guten Seiten. Die USA reagierten auf die Invasion Kuwaits mit der Bildung einer internationalen Militärkoalition, um die irakische Armee zum Rückzug aus Kuwait zu zwingen. Die arabischen Länder erklärten sich unter der Bedingung bereit, dass die USA eine internationale Konferenz zur Lösung der Palästinafrage einberufen würden.

Die Palästinenser blickten hoffnungsvoller auf diese Konferenz als auf frühere Bemühungen, da sie diesmal in die Verhandlungen über die Zukunft Palästinas einbezogen werden würden. Schon Ende der 1980er Jahre, vor der Invasion Kuwaits, waren die USA bereit, direkte Verhandlungen mit der PLO in Tunis aufzunehmen, da sie spürten, dass die Organisation und ihr Führer sehr daran interessiert waren, Teil einer Pax Americana zu sein. Sie wussten, dass Arafat bereit war, Israel anzuerkennen und dem bewaffneten Kampf – oder, wie die USA und Israel es nannten, dem Terrorismus – abzuschwören. Welche Amerikaner konnten Israel nicht davon überzeugen, seine Kolonisierung des Westjordanlands und Groß-Jerusalems einzustellen? Auch war Israel nicht bereit, ernsthafte Verhandlungen über eine Zweistaatenlösung aufzunehmen. Ob Likud oder Labour an der Macht, die israelische Regierung hatte keinerlei Neigung, die in den Kriegen von 1948 und 1967 gewonnenen Gebiete aufzugeben. Israel hatte faktisch das gesamte historische Palästina eingenommen und Millionen Palästinenser aus ihrer Heimat vertrieben. Für die aufeinanderfolgenden israelischen Regierungen war dies die größte Errungenschaft des jüdischen Staates.

## Die Madrid-Konferenz 1991

Motiviert durch die versöhnliche Haltung der PLO beriefen die USA und die UdSSR in ihren letzten Tagen Ende Oktober 1991 die Friedenskonferenz in Madrid ein.

Die USA zwangen Israel zur Teilnahme an dieser Konferenz; dieser Druck war ein Kennzeichen des

neuen amerikanischen Ansatzes. Israel stand dem un-
nachgiebigen Premierminister Jitzchak Schamir gegenüber, der nach der Auflösung der israelischen Einheitsregierung (1984–1988) eine Likud-Regierung führte.
Israel stimmte der Teilnahme nur zu, wenn die PLO
nicht offiziell anwesend wäre. Es lohnt sich, die Ab-
surdität dieses Vorgehens zu bedenken: Israel würde
nur teilnehmen, wenn es nicht mit den Palästinensern
verhandeln müsste. Man einigte sich auf einen Kompromiss: Zwei palästinensische Delegationen trafen
in Madrid ein. Eine stammte aus dem Westjordanland
und dem Gazastreifen und war Teil der offiziellen jordanischen Delegation. Die andere Delegation hatte keine
formelle Rolle; sie kam aus Tunis und vertrat die PLO.

Die Mitglieder der ersten Delegation bereiteten sich
akribisch auf die Konferenz vor. Angeführt wurden sie
von Persönlichkeiten wie Haidar Abdul Shafi aus dem
Gazastreifen, Faysal Husayni aus Jerusalem und Hanan
Ashrawi aus Ramallah. Dahinter steckte die harte Arbeit
von Teams palästinensischer Experten (den *Tawaqim*),
die im Orient-Haus in Jerusalem hart arbeiteten und
die Infrastruktur für einen unabhängigen palästinensischen Staat im Westjordanland und dem Gazastreifen
planten.

Das Orient-Haus gehörte der bedeutendsten ange-
sehenen Familie Jerusalems, den Husaynis. Nach dem
Sechstagekrieg 1967 wurde es zum informellen Haupt-

quartier der palästinensischen Nationalbewegung und war regelmäßigen Repressionen der israelischen Regierung ausgesetzt. 1988 wurde es beispielsweise vollständig geschlossen. Die Familie Husayni unterstützte jedoch weiterhin die palästinensische Nationalbewegung und berief diese Gruppen ein. Ihre Pläne legten den politischen und sozialen Grundstein für eine echte Zweistaatenlösung. Wären die Israelis kompromissbereit gewesen, hätte sich die Zweistaatenlösung möglicherweise als praktikable Lösung herauskristallisiert.

Die Ideen der palästinensischen Delegierten stießen bei den Israelis jedoch auf völlige Ablehnung, auch wenn das US-Außenministerium sie beeindruckend fand. Nicht nur die Israelis lehnten die Arbeit, der in Jerusalem stationierten palästinensischen Teams ab. Die PLO-Führung in Tunis hatte das Gefühl, ihre Rolle als alleinige politische Vertretung der Palästinenser zu verlieren. Israel und die PLO zogen sich daher hinter die Kulissen zurück und führten Gespräche untereinander. Die Madrider Friedenskonferenz endete mit einem völligen Misserfolg. Sie war geprägt von einem Paradigma der »Konfliktlösung«, das die eigentlichen Konfliktursachen ignorierte. Bezeichnend dafür war die Entscheidung, die Diskussion über den Status Jerusalems und das Rückkehrrecht der Flüchtlinge – zwei zentrale Streitpunkte – auf unbestimmte Zeit zu verschieben.

# Das Oslo I Abkommen, 1993

1992 kehrte die Arbeiterpartei unter der Führung von Jitzchak Rabin in Israel an die Macht zurück. Palästina hatte für Rabin zunächst keine Priorität. Ihm war Frieden mit Syrien wichtiger. Er glaubte, dies könnte später den Weg für einen Frieden mit den Palästinensern ebnen.

Sein ewiger Erzfeind, Außenminister Schimon Peres, zog es mit Hilfe seines Stellvertreters Jossi Beilin vor, zunächst den palästinensischen Weg zu versuchen. Sie schätzten richtig ein, dass der PLO in Tunis die Stärke der palästinensischen Führung im Orient House fehlte und sie viel eher zu Zugeständnissen bereit war. Und so begann Peres ohne das Wissen des Premierministers direkte Verhandlungen mit der PLO in Tunis.

Die Arbeiterpartei in Israel pflegte gute Arbeitsbeziehungen zur Arbeiterpartei und den Gewerkschaften in Norwegen, ebenso wie die PLO. Daher war FAFO, ein gemeinnütziges Institut, das ursprünglich vom norwegischen Gewerkschaftsbund gegründet wurde, eine naheliegende Wahl als Vermittler.

FAFOs bisherige Erfolgsbilanz und Philosophie kamen den Israelis sehr entgegen. Sie stützte sich auf vorherrschende Theorien des Konfliktmanagements in den westlichen Sozialwissenschaften. Vereinfacht ausgedrückt betrachtete man Konflikte im Hinblick auf

Machtungleichgewichte und die Frage, wer die stärkere Partei ist. Im Israel-Palästina-Konflikt ist dies offensichtlich Israel. Die Rolle des Vermittlers besteht darin, das beste Angebot der stärkeren Partei zu erhalten und dann Druck auf die schwächere Seite auszuüben, es anzunehmen. In einem solchen Rahmen zählen die Forderungen der schwächeren Partei kaum. Ihre Rolle besteht lediglich darin, die Brocken zu akzeptieren, die ihr die stärkere Partei anbietet. Diesen »Verhandlungen« liegt die Annahme zugrunde, dass das Angebot eine ausreichende Verbesserung der gegenwärtigen Realität darstellt, sodass die schwächere Partei bereit sein wird, es anzunehmen, unabhängig davon, wie weit es hinter ihren tatsächlichen Wünschen zurückbleibt.

Im Wesentlichen war dies der Rahmen, der dem Oslo-I-Abkommen zugrunde lag, das am 13. September 1993 auf dem Rasen des Weißen Hauses unterzeichnet wurde. Die entmachtete PLO, die nun der ehemaligen UdSSR beraubt war, in einigen arabischen Ländern wegen Arafats Unterstützung der Irak-Invasion verurteilt wurde und sich des Aufstiegs einer alternativen palästinensischen Führung in den besetzten Gebieten bewusst war, erklärte sich auf dem Papier bereit, das israelische Diktat zu akzeptieren.

Die Israelis waren bereit, die direkte Kontrolle über etwa 40 Prozent des Westjordanlands aufzugeben und einer neuen, durch das Oslo-I-Abkommen geschaffe-·

nen Palästinensischen Autonomiebehörde die Verwaltung der inneren Angelegenheiten der Palästinenser zu überlassen. Diese müsste sich jedoch bereit erklären, mit der israelischen Armee und den Geheimdiensten bei der Überwachung und Unterdrückung jeglichen Widerstands gegen die Besatzung zusammenzuarbeiten. Die alte PLO verwandelte sich in die neue Palästinensische Autonomiebehörde (PA), und der PLO-Führer, immer noch Jassir Arafat, wurde Präsident der PA. Das Abkommen sah auch eine neue Institution vor, den Palästinensischen Legislativrat als Parlament der PA. Dieser sollte parallel zum Palästinensischen Nationalrat arbeiten – dem wichtigsten Entscheidungsgremium der PLO. Die Doppelzüngigkeit der PLO, die hinter dem Rücken des größten Teils des Widerstands agierte, behinderte die Entwicklung einer klaren, gemeinsamen palästinensischen Strategie. Einige der Schlüsselfiguren und -organisationen des Widerstands, die Teil der PLO waren, lehnten das Oslo-I-Abkommen ab und weigerten sich, an der Palästinensischen Autonomiebehörde teilzunehmen. Interessanterweise schlossen sich linke Gruppen der PLO an. Dies war ein entscheidender Wendepunkt für den palästinensischen Widerstand, der bis dahin von einer weitgehend säkularen, linken Führung dominiert worden war. Politisch-islamistische Gruppen wie die Hamas und der Palästinensische Islamische Dschihad traten der Palästinensischen Autonomiebehörde nicht bei und weigerten sich, sich unter dem Banner der PLO zu organisieren. Sie akzeptierten das Oslo-I-Abkommen nicht. Die Widerstandsbewegung war daher deutlich gespalten.

Heute ist in den Augen vieler im Westen insbesondere die Hamas praktisch ein Synonym für den palästinensischen Widerstand. Um zu erklären, wie sie zu solcher Bekanntheit gelangen konnte, wollen wir ihre Ursprünge untersuchen. Hamas ist ein arabisches Akronym für »Islamischer Widerstand« (Harakat al-Muqawama al-Islamiya). Sie ging aus dem palästinensischen Zweig der 1928 in Ägypten gegründeten Muslimbruderschaft hervor. Diese Bewegung entstand als Reaktion auf zwei wichtige Entwicklungen der Zwischenkriegszeit: das Gefühl, dass westliche Mächte weiterhin zu viel kulturellen und wirtschaftlichen Einfluss ausübten, und das Versagen der säkularen nationalen Bewegungen, echte Unabhängigkeit zu erreichen und die tief verwurzelten Probleme von Armut, Arbeitslosigkeit und schlechter Wohnsituation anzugehen. Hassan al-Banna, ein charismatischer Lehrer, überzeugte die Arbeiter, dass diese Probleme am besten durch eine islamische Wiederbelebung gelöst werden könnten. In Ägypten konzentrierten sich die Brüder zunächst auf soziale Dienste wie Schulbildung und Gesundheitsversorgung. Doch für viele ihrer Anhänger entwickelte sich daraus die politische Vision eines islamischen

Staates, der die Scharia umsetzen sollte. Diese Vision stand im Gegensatz zu westlichen Staatsmodellen, die zu viele Menschen hungern und arbeitslos zurücklassen sollten.

Auch der Zweig der Muslimbruderschaft im Gazastreifen vereinte beide Strömungen: diejenigen, die Solidarität in ihrer Frömmigkeit suchten, und diejenigen, die glaubten, die Befreiung Palästinas könne nur unter islamischen Bedingungen erreicht werden.

Nach der israelischen Besetzung des Gazastreifens und des Westjordanlands standen die israelischen Behörden der Muslimbruderschaft positiv gegenüber. Sie glaubten, sie könne einen Keil zwischen die Palästinenser treiben und so die säkulare Fatah-Bewegung schwächen, die sich aktiv für die Befreiung der besetzten Gebiete und Palästinas im Allgemeinen einsetzte. So ließen sie zu, dass die Muslimbruderschaft im Gazastreifen an Einfluss gewann.

Im Dezember 1987, kurz nach Ausbruch der Ersten Intifada, beschloss die Muslimbruderschaft, einen bewaffneten Flügel zu gründen: die Hamas. Ihr Anführer, Scheich Ahmad Yassin, rief offen zur Gründung eines islamischen Staates in Palästina und zum Kampf gegen Israel auf – Prinzipien, die 1988 in der Hamas-Charta verankert wurden. Für Israel blieb die Hamas jedoch ein nützliches Gegengewicht zu den säkularen und linken Kräften in der Widerstandsbewegung. Israels Geschichte der Konvertiten Unterstützung steht in krassem Gegensatz zu den heutigen historischen Erklärungen, die Hamas sei nicht besser als der IS.

Der Palästinensische Islamische Dschihad ging ebenfalls aus der Muslimbruderschaft hervor, wurde jedoch bereits 1981 gegründet, inspiriert von der Islamischen Revolution im Iran. Er ist bis heute eng mit der Islamischen Republik Iran verbunden.

Beide Bewegungen hatten einen militärischen und einen politischen Flügel. Viele westliche Länder betrachten beide offiziell als terroristische Organisationen. Doch trotz der westlichen Verurteilungen bleiben sie Teil der antikolonialistischen palästinensischen Befreiungsbewegung.

## Oslo II: Eine neue Art der Besetzung

Im September 1995 wurden die vagen Prinzipien des Oslo-Abkommens in ein detaillierteres Abkommen, das Oslo-II-Abkommen, umgesetzt.

Es wurde in Taba nahe der israelisch-ägyptischen Grenze unterzeichnet und live an internationale Zuschauer übertragen. Millionen verfolgten, wie Arafat vom ägyptischen Präsidenten zur Unterzeichnung des Abkommens gedrängt wurde. Wie wir sehen werden, hatte er gute Gründe für sein Zögern.

Die Israelis deuteten an, dass das gemäß dem Oslo-Abkommen autonom regierte palästinensische Gebiet ein Staat werden könnte, auch wenn sie sich nicht explizit dazu verpflichteten. Doch es war klar, dass dieser Staat, egal in welcher Form, ohne die Kooperation und übergreifende Kontrolle Israels nicht funktionieren konnte. Das den Palästinensern im Oslo-II-Abkommen zugeteilte Gebiet wurde als Gebiet A definiert. Es umfasste die dichter besiedelten Teile des Westjordanlands, machte aber nicht mehr als 18 % des Westjordanlands aus.

Zwei weitere Gebiete wurden in Oslo definiert: Gebiet B, in dem sich Israel und die Palästinensische Autonomiebehörde die Macht formell teilten, Israel aber selbstverständlich der faktische Herrscher war; und Gebiet C, in dem sich die meisten israelisch-jüdischen Siedlungen befanden. Der palästinensische Zugang zu Gebiet C war eingeschränkt. Der Gazastreifen blieb undefiniert, wurde aber ähnlich wie Gebiet B verwaltet.

Den Palästinensern wurde Ramallah als Hauptstadt angeboten, und es gab keine wirkliche Diskussion über das palästinensische Flüchtlingsproblem. Israel gab sich mit einigen Lippenbekenntnissen zufrieden, künftig über Jerusalem und die Siedlungen zu sprechen, als Belohnung für palästinensisches »gutes Verhalten«.

Aus Sicht der PLO schien dies zunächst fair genug. Seine Führer, einschließlich Arafat, durften nach Palästina zurückkehren und palästinensische Institutionen aufbauen, die die Grundlage eines zukünftigen palästinensischen Staates bilden sollten. Es ist auch möglich, dass einige von ihnen, einschließlich Arafat, hofften, den Befreiungskampf von innen heraus fortsetzen zu können.

Bis November 1995 betrachteten die palästinensische Führung und viele einfache Palästinenser Oslo II als einen guten Anfang – und als etwas, das später noch verbessert werden könnte. Doch die Entwicklungen vor Ort führten dazu, dass keine weiteren Zugeständnisse an die Palästinenser möglich waren. Letztendlich führte Oslo II in den besetzten Gebieten zu einer Realität, die weitaus schlimmer war als die vorherige.

Die ungelöste Frage der Siedlungen führte zu beispielloser Gewalt durch jüdische Siedler. Palästinensische Widerstandsgruppen, die Oslo grundsätzlich ablehnten, reagierten mit Angriffen auf zivile Ziele, darunter israelische Busse und Einkaufszentren. Im Gegenzug bestrafte die israelische Armee die palästinensische Bevölkerung kollektiv. Oslo schien einen Kreislauf der Gewalt zu erzeugen – es schien keinen Frieden zu bringen.

Darüber hinaus lehnten rechte Kreise in Israel die Oslo-Abkommen vehement ab und wollten keinerlei Zugeständnisse an die Palästinenser. Im November 1995, nur zwei Monate nach der Unterzeichnung des Oslo-II-Abkommens, wurde der israelische Premierminister Jitzchak Rabin ermordet. Die gesamte israelische Politik rückte daraufhin rapide nach rechts.

Rabins natürlicher Nachfolger in der Arbeiterpartei, Schimon Peres, konnte die darauffolgenden Wahlen nicht gewinnen. Ein brutaler Terroranschlag eines rechtsextremen Juden reichte einfach nicht aus, um Israels Rechtsruck aufzuhalten.

Und so gewann Benjamin Netanjahu, der Führer des rechtsgerichteten Likud, seine erste Wahl zum provisorischen Minister Israels. Es sollte eine von vielen sein. Er gelobte, die Oslo-Abkommen einzuhalten, doch in der Praxis ergriff seine Regierung immer repressivere Maßnahmen gegen die Palästinenser. Hunderte von Kontrollpunkten wurden zwischen den Gebieten A, B und C, zwischen dem Norden und dem Süden des Gazastreifens sowie zwischen den besetzten Gebieten und Israel errichtet.

Wie wir gesehen haben, waren diese Kontrollpunkte Schauplatz routinemäßiger Erniedrigung der Palästinenser. Die israelischen Streitkräfte hatten keine Skrupel, die Grundrechte der Palästinenser eklatant zu verletzen und Zivilisten grundlos zu misshandeln. In Zeiten erhöhter Spannungen berichteten Menschenrechtsorganisationen von Müttern, die in der Nähe der Kontrollpunkte entbinden mussten und Krankenhäuser nicht erreichen konnten, und von Patienten, die aus denselben Gründen starben. Ein normales Leben wurde unmöglich gemacht: Ob man es zur Schule, zur Arbeit oder zum Abendessen nach Hause schaffte, hing von den Launen der Soldaten am jeweiligen Kontrollpunkt ab. 1996 errichtete Netanjahus Regierung einen Stacheldrahtzaun um den Gazastreifen. Dieser ähnelte nun mehr einem Gefängnis als allem anderen.

Darüber hinaus intensivierte die neue Likud-Regierung die Judaisierung des Großraums Jerusalem und ließ jüdische Siedler offen zu, Palästinenser zu enteignen. Sie erfand einen Vorwand, um die palästinensischen Einwohner Jerusalems zur Umsiedlung ins Westjordanland zu zwingen, und erklärte bestimmte Stadtteile Jerusalems, die ursprünglich nicht zu Gebiet C gehörten, zu »Westjordanland-Dörfern« und machte sie damit zu einem Teil von Gebiet C.

Jeder Widerstand wurde mit brutaler Kollektivstrafe beantwortet. Zu Beginn von Netanjahus Amtszeit brachen im Westjordanland und im Gazastreifen Massenproteste der Palästinenser aus, nachdem Israel Tunnel entlang der Klagemauer in Jerusalem gebaut hatte. Bei den Protesten wurden 59 Palästinenser getötet. Als die Amerikaner erkannten, dass die Lage einen kritischen Punkt erreichte, versuchten sie, den »Friedensprozess« wieder in Gang zu bringen. 1998 versuchten sie, Netanjahu und Arafat zu versöhnen.

1998 unterzeichneten Arafat und Netanjahu in Maryland das Wye-River-Memorandum – ein Abkommen, das nie umgesetzt werden sollte. Es hatte keinerlei Bezug zur Realität. Das Abkommen sah vor, dass die Palästinenser im Austausch für die Verlegung eines kleinen Teils von Gebiet C und eines noch kleineren Teils von Gebiet B in Gebiet A jeglichen Widerstand gegen die Besatzung aufgeben würden. Israel hielt selbst dies für viel zu großzügig. Gebiet C, unter direkter israelischer Herrschaft, umfasste damals mehr als 70 % des Westjordanlands. Das ist auch heute noch so.

Ein begrenzteres, ebenfalls nie umgesetztes Abkommen betraf die Zukunft der Stadt Hebron, der Handelsmetropole des Westjordanlands. Um zu verstehen, warum Hebron so umstritten war, müssen wir auf die beiden rivalisierenden Ideologien zurückblicken, die die jüdische Kolonisierung des Westjordanlands vorantrieben, insbesondere auf die messianischen Zionisten von Gush Emunim.

Wie wir gesehen haben, gab es zwei Pläne für die jüdische Kolonisierung des Westjordanlands. Ein von der Arbeitspartei vorgeschlagener Plan sah die Vermeidung von Siedlungen in dicht besiedelten Gebieten vor, während ein anderer von der neumessianischen Bewegung Gush Emunim ausgearbeiteter Plan die Siedlungen in den am dichtesten besiedelten palästinensischen Gebieten vorsah – da diese im Alten Testament eine bedeutende Rolle spielten. In Hebron funktionierten beide Pläne Hand in Hand. Unweit von Hebron errichtete die

Arbeitspartei-Regierung eine neue Stadt, Kyriat Arba, in der unter anderem viele Schüler von Rabbi Meir Kahane lebten, einem amerikanischen Juden, der durch seinen Aufruf zur Umsiedlung aller Palästinenser aus Israel und den besetzten Gebieten an Popularität gewann. In der Altstadt von Hebron ließ sich eine messianische Gruppe nieder. Mit Hilfe von Fanatikern aus Kirjat Arba dehnten sie ihre Präsenz bis ins Herz Hebrons aus. Mit einer offenen Politik der nackten Aggression und Gewalt drangen sie in neue Viertel ein, während die Armee wegschaute. Dies führte zur fast vollständigen Entarabisierung der Altstadt. Nur eine kleine Gruppe mutiger Palästinenser blieb übrig, die ständigen Übergriffen der Siedler ausgesetzt ist. Die internationale Gemeinschaft war alarmiert über den rapiden Verfall der Stadt und versuchte, ein neues Abkommen auszuhandeln.

Im Januar 1997 zwangen die Vereinten Nationen Israel und Palästina, das Protokoll über die Umgruppierung in Hebron zu unterzeichnen. Das Abkommen wurde jedoch nie ratifiziert. Es teilte Hebron in zwei Gebiete: H1, ein palästinensisches Gebiet, das 80 % der Stadt umfasste, und H2, den jüdischen Teil. In H2 lebten jedoch auch Palästinenser. Das Abkommen versprach, die Palästinenser durch eine nichtmilitärische internationale Truppe zu schützen, die die Lage überwachen sollte. Die Truppe war nur kurze Zeit einsatzbereit; Israel zwang sie später, Hebron zu räumen. Die

Palästinenser waren einer bis heute andauernden konzertierten Einschüchterungs- und Schikanierungskampagne schutzlos ausgeliefert. Die Altstadt gleicht einem verlassenen Kriegsgebiet.

Was tat die brandneue palästinensische Autonomiebehörde zu dieser Zeit? Theoretisch verfügte sie über eine bewaffnete Polizei, konnte aber nie wirksam eingreifen. Sie versuchte ihrerseits, eine eigenständige Regierung zu bilden, erwog hin und wieder Wahlen und etablierte staatliche Institutionen. Doch die Unruhen in Hebron und anderswo offenbarten ihre grundsätzliche Machtlosigkeit. Die PA-Regierung war nie vollständig demokratisch, und erhebliche Korruption war ihr nicht fremd. Die Zukunft der Palästinenser hing daher von Israel ab und von ihrer Fähigkeit, Israels brutalster Politik Widerstand zu leisten.

1999 verlor Benjamin Netanjahu seine zweite Amtszeit als Premierminister. Die Arbeiterpartei war unter der Führung von Ehud Barak wieder an der Regierung.

# 13 DIE ZWEITE INTIFADA, 2000

Als Ehud Barak das Amt des Premierministers übernahm, wollte er nur die Osloer Abkommen erfolgreich abschließen. Er hatte Glück: Der scheidende US-Präsident Bill Clinton wollte unbedingt für etwas anderes in Erinnerung bleiben als für seine sexuelle Beziehung zu seiner Praktikantin Monica Lewinsky.

Auf Druck von Clinton und Barak wurde Jassir Arafat gezwungen, im Jahr 2000 an einem Sommergipfel in Camp David, dem Landsitz des US-Präsidenten, teilzunehmen. Es war eine höchst seltsame Angelegenheit. Nachdem es Clinton und Barak sieben Jahre lang nicht gelungen war, die Oslo-Abkommen in tatsächlichen Frieden umzusetzen, versuchten sie, dies innerhalb von zwei Wochen zu erreichen. Sie wollten zu Hause Anerkennung ernten. Arafat wusste, dass er als Kriegstreiber verurteilt werden würde, wenn er die Teilnahme verweigerte.

Auf dem Gipfel versuchte Arafat, dem Wunsch der USA und Israels auszuweichen, das vorgeschlagene Abkommen als endgültige Lösung darzustellen. Er deutete an, dass es sich bei dem Abkommen nur um eine vorläufige Vereinbarung handeln würde und er mit der guten Nachricht nach Palästina zurückkehren würde: weniger Kontrollpunkte, weniger Siedlungen und die Bereitschaft der israelischen Seite, über die heikleren Fragen Jerusalems, des Rückkehrrechts der Flüchtlinge und eines künftigen palästinensischen Staates zu verhandeln. Barak und Clinton ließen sich davon nicht überzeugen. Arafat wurde aufgefordert, das Abkommen als endgültig zu bezeichnen. Das heißt, er sollte keinen echten palästinensischen Staat, keine Änderung des Status Jerusalems und keine wirkliche Lösung des Flüchtlingsproblems akzeptieren. Wie einer der palästinensischen Unterhändler im Rückblick sagte: »Die größte Verzerrung besteht darin, dass Barak überhaupt etwas angeboten hat.« Arafat lehnte ab. Wie erwartet wurde er sofort als Kriegstreiber denunziert.

Nur wenige Wochen nach Arafats Rückkehr nach Palästina stattete der Führer der israelischen Opposition, Ariel Sharon, dem Haram al-Sharif, der heiligen Stätte der Muslime, einen provokativen Besuch ab, wohl wissend, dass dies Unruhen schüren würde. Frustrierte Palästinenser bewarfen ihn mit Steinen, als er vom Berg herabstieg. Dann goss er Öl ins Feuer, indem er erklärte: »Der Tempelberg ist noch immer in unserer Hand.« Die schwindende Hoffnung, dass die Oslo-Abkommen jemals Gerechtigkeit bringen würden, und Sharons gezielte Provokationen lösten die zweite Intifada aus.

Im Gegensatz zur ersten Intifada war dies ein weitaus stärker militarisierter Aufstand, der auf Israel selbst übergriff. Dreizehn protestierende palästinensische Staatsbürger Israels wurden von der israelischen Armee und Polizei erschossen. Islamische Widerstandsgruppen starteten eine neue Kampagne von Selbstmordattentaten in Israel. Der tödlichste wurde von der Hamas vorbereitet: der Bombenanschlag auf das Park Hotel in Netanya, während die Juden das Pessachfest feierten. Dreißig Menschen starben, mehr als 140 wurden verletzt.

Israel reagierte mit der Operation »Schutzschild«, in deren Rahmen es das Westjordanland und Teile des Gazastreifens faktisch zurückeroberte. Die Operation war weitaus brutaler als das übliche Regime kollektiver Bestrafungen. Einige gut vernetzte israelische Journalisten behaupten, dies sei eine Kompensation für Israels demütigenden Rückzug aus dem Libanon durch die Hisbollah im Sommer desselben Jahres gewesen.

Israel setzte seine Luftwaffe ein, um Städte zu bombardieren, massakrierte Menschen in den Flüchtlingslagern von Dschenin und belagerte Arafat in seinem Regierungsgebäude in einem als Mukataa bekannten Komplex, dem ehemaligen Sitz des Militärgouverneurs in Ramallah. Sie hielten diese Repressionskampagne jahrelang aufrecht. Erst als Arafat schwer erkrankte – es besteht der starke Verdacht, dass er von den Israelis vergiftet wurde – und schließlich im November 2004 verstarb, kam es in Israel zu einer gewissen Deeskalation.

Arafat wurde durch Mahmud Abbas, seinen Stellvertreter, ersetzt. Abbas war sich des israelischen Umgangs mit seinem Vorgänger durchaus bewusst und verfolgte einen vorsichtigeren Ansatz. Er verstärkte die Zusammenarbeit der Palästinensischen Autonomiebehörde mit den israelischen Sicherheitsdiensten und verzichtete gänzlich auf den bewaffneten Kampf als Mittel des Widerstands gegen die Besatzung.

Anfangs zahlte sich dies aus. Ausländische Gelder für Wiederaufbauprojekte, Bildung und Soziales flossen zurück, gelangten in die Ministerien der Palästinensischen Autonomiebehörde oder wurden an lokale NGOs weitergeleitet, sofern diese dem neuen Ansatz nicht widersprachen. Die Palästinensische Autonomiebehörde erlaubte es NGOs, ihre Arbeit fortzusetzen, die ihrer Politik kritisch gegenüberstanden – schließlich wollte sie im Westen respektabel erscheinen. Doch sie ging rücksichtslos gegen politische Aktivisten vor, insbesondere gegen Mitglieder der Hamas und des Palästinensischen Islamischen Dschihad. Diese widersetzten sich nicht nur der Palästinensischen Autonomiebehörde, sondern führten auch weiterhin einen Guerillakrieg gegen die Besatzung.

# 14 ISRAEL UND PALÄSTINA IM 21. JAHRHUNDERT

Als die Gewalt nachließ, entwickelten sich zwei Prozesse gleichzeitig. Israel beharrte darauf, seine Kontrolle über das gesamte historische Palästina (das Westjordanland, den Gazastreifen und Israel selbst) zu festigen. Gleichzeitig versuchten die USA vergeblich, dem Friedensprozess, der sich zu einem schlechten Witz entwickelt hatte, neues Leben einzuhauchen.

## Die Entstehung des Apatheidenstaats

In den Jahren nach der Zweiten Intifada verstärkte Israel die Judaisierung des Westjordanlands und des Jerusalemer Gebiets. Zudem entrechtete es palästinensische Bürger Israels weiter. Die Knesset, das israelische Parlament, verabschiedete 2003 eine neue Gesetzeswelle, darunter das berüchtigte Gesetz zur Staatsbürgerschaft und Einreise nach Israel. Dieses verbot Bewohnern des Westjordanlands und des Gazastreifens die automatische Erlangung der Staatsbürgerschaft oder Aufenthaltserlaubnis durch Heirat mit einem israelischen Staatsbürger. Palästinensische Staatsbürger konnten sich daher nicht mehr mit ihren Ehepartnern vereinigen. Diese Flut von Gesetzen gipfelte 2018 im Grundgesetz des jüdischen Nationalstaats. Es degradierte Arabisch von einer Staatssprache zu einer lediglich durch einen »Sonderstatus« geschützten Sprache, erklärte Jerusalem zur Hauptstadt Israels und förderte den Siedlungsausbau. Eingewanderten Juden wurde bei der Verleihung von Bürgerrechten Vorrang eingeräumt.

Der Weg bis 2018 war mit zahlreichen diskriminierenden Gesetzen gepflastert. 2011 verabschiedete die Regierung das Nakba-Gesetz: Jede offizielle Institution, die der Nakba gedachte, verlor jegliche staatliche Förderung und ihren Schutzstatus. Weitere Gesetze verankerten das Recht jüdischer Städte und Wohngebiete, palästinensischen Staatsbürgern Israels die Einreise zu verweigern. Ende des 20. Jahrhunderts befanden sich 97 % des Landes direkt oder indirekt im Besitz jüdischer Institutionen wie dem Jüdischen Nationalfonds (der selbst 13 % des Landes besitzt). Die Satzung des Jüdischen Nationalfonds verbietet Landtransaktionen mit Nichtjuden. Viele andere Institutionen verfolgen ähnliche Richtlinien, ob offiziell oder inoffiziell. Palästinenser, die mehr als 20 % der Bevölkerung des Staates Israel ausmachen, sind daher generell vom Landerwerb ausgeschlossen. Sie können daher bestehende Städte und Dörfer nicht weiterentwickeln, geschweige denn neue bauen, während jüdische Siedlungen ungebremst expandierten.

Im Negev, einer Wüstenregion im Süden Israels, waren die Beduinen, ein historisches Nomadenvolk, einer ähnlich aggressiven Judaisierung ausgesetzt. Nach der Gründung des Staates Israel wurden sie in ein Gebiet namens Siyag (wörtlich »Zaun«) gedrängt, und das Vegetationsschutzgesetz von 1950 erklärte Landwirtschaft und Viehzucht, d. h. ihre Hauptbeschäftigungen, zu einem Verbrechen. Das ganze 20. Jahrhundert über wurden sie in Städte gezwungen, und die israelische Regierung weigerte sich, ihre Landansprüche anzuerkennen. Als Reaktion darauf bauten die Beduinen ohne staatliche Erlaubnis ihre eigenen Dörfer, die als »nicht anerkannten Dörfer« bekannt sind. Israel hat die Zerstörung dieser Dörfer als offizielle Politik verfolgt – am berüchtigtsten im Prawer-Plan von 2011, der die Umsiedlung von 40 000 bis 70 000 Beduinen bedeutet hätte. Angesichts dieser Herausforderungen beweisen die Beduinen eine bemerkenswerte Widerstandsfähigkeit: Das Dorf Araquib wurde über 40-mal zerstört. Jedes Mal bauten seine Bewohner es wieder auf.

Die Judaisierung ist daher nicht nur eine Politik der Gebietsgewinne und des Siedlungsbaus im Westjordanland und in Jerusalem; Es ist eine Politik, die sich über ganz Israel erstreckt. Im Jahr 2000 machten die

Palästinenser etwa die Hälfte der Bevölkerung zwischen Jordan und Mittelmeer aus. Über die Jahrzehnte wurden sie vertrieben, in Ghettos gesperrt und gezielt ihrer Grundrechte beraubt. Die Judaisierung erfordert die fortwährende Unterordnung der Palästinenser, unabhängig von ihrem Standort im historischen Palästina.

Während Israel eine immer diskriminierendere Rechtsinfrastruktur aufbaute, unternahm der Westen einige sinnlose Gesten in Richtung eines Friedensprozesses – gewissermaßen. Die Arabische Liga war 2002 verhandlungsbereit und schlug die Arabische Friedensinitiative vor, die Israels Anerkennung in allen arabischen Staaten garantiert und eine echte Zweistaatenlösung auf Grundlage der Vorkriegsgrenzen von 1967 ermöglicht hätte. In einem erstaunlichen Kompromiss erwähnte der endgültige Wortlaut das Rückkehrrecht für Flüchtlinge nicht. Israel lehnte den Plan jedoch vollständig ab, und die USA unterstützten seine Position.

Der Staffelstab wurde an ein ganz anderes Gremium weitergegeben: das Quartett, das nach dem Scheitern der Madrider Konferenz von 1991 als Vermittler eingesetzt wurde. Bestehend aus Vertretern der USA, der UNO, der EU und Russlands, schraubte es seine Ambitionen drastisch zurück. Es betrachtete den palästinensischen Widerstand als Haupthindernis für den Frieden, nicht Israels Expansionismus. Wenig überraschend fand dieser Ansatz wenig Anklang. Unter dieser Angst versuchte das Viertel, einen neuen Deal anzubieten: ein schärferes Vorgehen gegen den palästinensischen Widerstand unter der Schirmherrschaft der palästinensischen Autonomiebehörde im Austausch für ein Einfrieren des jüdischen Siedlungsbaus in den besetzten Gebieten und ein Ende der gegen Palästinenser verhängten Kollektivstrafen. Auch dieser Versuch scheiterte.

Diese Versuche intensivierten sich nach Arafats Tod im November 2004. Der neue Präsident, Muhammadu Abbas, wollte keine ordentlichen Wahlen abhalten, vielleicht aus Angst, seine schwache Machtposition zu verlieren. Die palästinensische Autonomiebehörde begann an Legitimität zu verlieren, während islamistische Bewegungen aufgrund ihres Engagements für den bewaffneten Kampf gegen die Besatzung an Popularität gewannen.

Insbesondere die Hamas schnitt bei Kommunalwahlen hervorragend ab. Es war klar, dass sie aus nationalen Wahlen zum palästinensischen Parlament als eine der größten Parteien hervorgehen würde. Auch auf israelischer Seite polarisierte sich die Politik zunehmend. Seit 2001 wurde die Szene von Ariel Sharon dominiert, der den Likud verlassen und anschließend eine noch extremere Partei gegründet hatte: Kadima.

## Israels Trennung vom Gaza Streifen, 2005

Als Premierminister wollte Scharon die schwierige Sackgasse überwinden. Er hatte einen neuen Vorschlag parat. Zur allgemeinen Überraschung schlug er 2003 vor, alle jüdischen Siedler – rund 8 000 Menschen – aus dem Gazastreifen zu entfernen und damit jegliche Verantwortung für die Verwaltung des Gazastreifens abzugeben. Im Juni 2004 setzte die israelische Regierung diesen Vorschlag vollständig um – was zu gewaltsamen Zusammenstößen im Gazastreifen führte.

Die Siedler wehrten sich mit Händen und Füßen und waren nicht bereit, ihre Häuser aufzugeben. Ariel Sharon, der Mann hinter zahlreichen Massakern, avancierte zu einem unerwarteten Helden des Friedensprozesses. Doch der Rückzug aus dem Gazastreifen geschah nicht zum Wohle der Palästinenser, sondern aus rein eigennützigen Gründen. Mit dem Rückzug aus dem Gazastreifen hoffte Sharon zu »beweisen«, dass Israel sich unmöglich aus dem Westjordanland zurückziehen könne. Es wäre zu traumatisch. Der anhaltende Widerstand der Hamas hatte die Siedler im Gazastreifen für Sharon zu einer Belastung gemacht. Gaza, so dachte er, könnte zu einem Gefängnis werden, um die Hamas einzudämmen. Und Israel könnte es von außen angreifen, ohne das Leben seiner eigenen Bürger zu riskieren.

Im September 2005 war der Abzug abgeschlossen. Die meisten Völkerrechtsexperten weisen darauf hin, dass der Abzug nicht mit einem Ende der Besatzung verwechselt werden darf. Als sich die neue Realität vor Ort entfaltete, wurde klar, dass Israel ein neues Besatzungsmodell entwickelte.

Israel hinterließ im Gazastreifen ein Machtvakuum, das die Palästinensische Autonomiebehörde zu langsam füllte. Die Hamas befand sich in einer Schlüsselposition, um den Gazastreifen zu kontrollieren. Um eine Machtübernahme der Hamas zu verhindern, übte das Quartett Druck auf die Palästinensische Autonomiebehörde aus, Wahlen zum Parlament der besetzten Gebiete abzuhalten, um eine neue Regierung zu bilden. Es war offensichtlich, dass Mahmud Abbas keine echten Rivalen um den Präsidentenposten hatte.

2006 fanden Wahlen statt: Die Hamas erhielt über 44 % der Stimmen. Laut Gesetz der Palästinensischen Autonomiebehörde erlaubte ihr ihre Mehrheit im Palästinensischen Nationalrat die Bildung einer Regierung. Und genau das taten sie unter Ismail Haniyeh, einem ihrer politischen Führer. Unter dem Druck Israels und der USA weigerten sich jedoch andere Parteien, die Regierung anzuerkennen. Israel verhaftete zahlreiche Mitglieder des Legislativrats und ihre wichtigsten Aktivisten der Hamas. Die Hamas revanchierte sich mit der Entführung des israelischen Soldaten Gilad Shalit. Er wurde über fünf Jahre lang gefangen gehalten. Als die Hamas erkannte, dass weder der Westen noch Israel eine Hamas-Regierung akzeptieren würden, beschloss sie, den Gazastreifen mit Gewalt zu übernehmen, durch einen hässlichen Krieg gegen die Fatah. Dies ist ein schwarzer Fleck in der Geschichte der palästinensischen Befreiungsbewegung. Spätere Versuche der Einheit scheiterten. In diesem Zusammenhang müssen wir die gegenwärtige Entwicklung der Hamas verstehen: Als sie an demokratischen Wahlen teilnahm und klar gewann, lehnten vermeintlich demokratische Staaten das Ergebnis schlicht ab. Dies förderte nur die weitere Radikalisierung. Als Reaktion darauf belagerte Israel den gesamten Gazastreifen – die Bewohner wurden vieler lebensnotwendiger Güter beraubt und ihr Zugang zu Wasser und Strom wurde häufig eingeschränkt.

## Der letzte Friedensversuch, 2006–2009

Während sich diese Ereignisse abspielten, brach an der israelisch-libanesischen Grenze ein neuer Konflikt aus. Die schiitische militante Gruppe Hisbollah entführte drei israelische Soldaten, die sich angeblich auf libanesischem Gebiet befanden. Israel reagierte mit einer zweiten Invasion des Libanon – ein neuer Krieg war ausgebrochen. Israel zerstörte Südbeirut praktisch vollständig und bombardierte Tausende von Gebäuden. Der Hisbollah gelang es, Israels Verteidigungslinien zu durchbrechen und mit Raketenangriffen im Norden Israels Schaden anzurichten. Nach 34 Tagen endete der Krieg, als der UN-Sicherheitsrat die Resolution 1701 verabschiedete. Israel versprach, sich aus dem Südlibanon zurückzuziehen, den es im Wesentlichen wieder besetzt hatte, und die Hisbollah erklärte sich bereit, sich nördlich des Flusses Litani zurückzuziehen, also 30 Kilometer von der israelisch-libanesischen Grenze entfernt. Keine der beiden Seiten hielt sich an ihren Teil der Abmachung. Die mit der Überwachung der Umsetzung der Resolution eingesetzte UN-Spezialtruppe war machtlos, die Bedingungen der Resolution durchzusetzen.

Dennoch gab es zwischen Ende 2006 und Ende 2008 Hoffnung auf eine andere Zukunft. Dies waren die letzten beiden Jahre der Regierung Ehud Olmerts. Er hatte Scharon nach dessen Schlaganfall 2006 abgelöst.

Im Zuge einer Lockerung seiner bisherigen israelischen Unnachgiebigkeit war Olmert bereit, das Programm der Arabischen Liga als Verhandlungsgrundlage zu akzeptieren. Allerdings wollte auch er die jüdischen Siedlungsblöcke im Westjordanland nicht aufgeben, obwohl er dafür territoriale Entschädigung in der Wüste Judäas südlich von Hebron anbot. Dies hätte zwar Potenzial gehabt, doch es gab einen großen Stolperstein. Olmert konnte, wie Scharon und jeder andere israelische Vorgänger, egal wie fortschrittlich, einen wirklich unabhängigen und souveränen palästinensischen Staat neben Israel nicht akzeptieren. Israel wollte einen Marionettenstaat, der sich niemals plötzlich in einen feindlichen Nachbarn verwandeln konnte.

Doch wir wissen noch immer nicht, ob etwas daraus geworden wäre, wenn Olmert durchgehalten hätte. 2008 trat er zurück, verstrickt in Korruptions- und Bestechungsvorwürfe, für die er schließlich inhaftiert wurde. Sein Nachfolger wurde Benjamin Netanjahu, der den Likud wieder an die Macht brachte. Sein Programm war die einseitige Ausweitung der Judaisierung des Westjordanlands, die Verschärfung der Belagerung der Palästinenser im Gazastreifen und die Festigung des Apartheidregimes in Israel gegen seine palästinensischen Bürger.

## Die Netanjahu-Ära, 2009–2024

Als Präsident Obama 2008 die amerikanischen Wahlen gewann, gab es Hoffnung auf eine erneute Belebung des Friedensprozesses. Er folgte der bewährten amerikanischen Formel der Friedensstiftung und betrachtete die Rolle der USA darin, den Palästinensern das Maximum aufzuerlegen, das Israel zu geben bereit war. Mit jeder Wiederholung bot Israel weniger an, scheinbar um den Palästinensern eine Lektion zu erteilen. Sie wollten die Palästinenser dafür »bestrafen«, dass sie ihre »Großzügigkeit« zurückgewiesen hatten. Zwei Gesprächsrunden unter Obama in den Jahren 2010 und 2012 blieben ergebnislos, und der diplomatische Stillstand ermöglichte es Israel, weitere Siedlungen auszubauen und die Palästinenser weiterhin zu unterdrücken. Die Bürgerwehren unter den Siedlern im Westjordanland wurden noch aggressiver: Sie brannten Häuser nieder, steckten Felder in Brand, entwurzelten Bäume und verletzten oder töteten gelegentlich Palästinenser. Die israelische Armee unternahm nichts, um palästinensische Zivilisten zu schützen.

Gleichzeitig intensivierte Netanjahus Regierung ihre Bemühungen, Ostjerusalem zu judaisieren. Mit der eifrigen Unterstützung von Siedler-NGOs, die von rechtsgerichteten amerikanischen Juden und Christen finanziert wurden, begann die Regierung mit der ethnischen Säuberung von Vierteln in Ostjerusalem wie Sheikh Jarrah und Silwan. Dies war das neue Modell für Israels Versuch, die Palästinenser bis Oktober 2023 aus dem historischen Palästina zu vertreiben. Die ethnische Säuberung sollte schrittweise und in kleinem Maßstab erfolgen und sich eher auf Stadtteile als auf ganze Städte richten. Aber sie sollte nicht aufhören, nicht einmal für einen Tag.

Netanjahus Machtposition in der Regierung geriet zwischen 2018 und 2020 ins Wanken, und es wurden mehrere Neuwahlen ausgerufen. Im März 2021 verlor er die Parlamentswahlen gegen eine sehr ungewöhnliche Koalition der wichtigsten Parteien – der islamistischen Raám-Partei und einer relativ gemäßigten Siedlerpartei. Kein Wunder, dass sie nicht lange überlebte. Während ihrer Machtübernahme im Mai 2021 schlossen sich elf Tage lang Palästinenser im gesamten historischen Palästina zusammen, um die Belagerung des Gazastreifens, die Besetzung des Westjordanlands und die Apartheid in Israel zu beenden. Sie hatten nicht den Hauch einer Chance. Bei dem darauffolgenden Angriff Israels wurden 260 Palästinenser getötet.

Netanjahu kehrte bei den Wahlen im November 2022 an die Macht zurück. Dieses Mal brauchte er den extremen rechten Flügel als Partner in der Regierung. Zwei Parteien, *Otzma Yehudit* (Jüdische Macht) und *Ha-Zionut Hadadit* (Religiöser Zionismus), traten der Regierung bei und besetzten wichtige Ministerposten. Die wichtigsten waren der Minister für nationale Sicherheit, Itamar Ben-Gvir, und Bezalel Smotrich, der Finanzminister. Sie und andere Minister waren Absolventen der messianischen Siedlungsbewegung, die das Westjordanland ab 1967 judaisierte. Diese Bewegung brachte eine neue Generation rassistischer und suprematistischer Juden hervor, zu der auch diese Minister gehören. Sie wollten nicht nur die Palästinenser aus dem Westjordanland vertreiben, sondern auch den palästinensischen Bürgern in Israel eine strengere Apartheid auferlegen. Ben-Gvir selbst wurde 2007 wegen Anstiftung zum Rassismus verurteilt. Ihr Ideal für Israel war ein theokratischer Staat.

Eine der ersten Maßnahmen dieser neuen Regierung war der Versuch, die Überreste des relativ unabhängigen israelischen Justizsystems zu politisieren. Es sei darauf hingewiesen, dass die höchste Justizbehörde Israels, der Oberste Gerichtshof, die völkerrechtswidrige Kolonisierung des Westjordanlands nicht stoppte und die Rechtmäßigkeit der diskriminierenden Gesetze gegen palästinensische Bürger Israels trotz wiederholter Berufung stets aufrechterhielt.

Für die säkularen Juden Israels war er jedoch die letzte Verteidigungslinie gegen die Theokratisierung des Staates. Auch wenn sie die Unterdrückung der Palästinenser nicht störte, so waren sie doch beunruhigt über die möglichen Auswirkungen auf die LGBTQ-Gemeinschaften, andere Minderheiten und das freie säkulare Leben in Städten wie Tel Aviv, wo es trotz des jüdischen Verbots, Schalentiere zu essen, eine florierende Fischrestaurantszene gibt.

Als die neue Regierung eine Gesetzesreform ankündigte, die das Justizsystem der Regierung unterordnen sollte, gingen Hunderttausende säkulare Israelis auf die Straße, um dagegen zu demonstrieren.

Es ist bezeichnend, dass jeder, der bei diesen Demonstrationen das Thema der besetzten Gebiete ansprach, praktisch unterging. Das säkulare Israel protestierte nicht gegen das Apartheid-Israel, sondern gegen das theokratische Israel.

Dies stellte jedoch nicht nur eine ernsthafte Herausforderung für die Regierung, sondern auch für den Zusammenhalt der israelisch-jüdischen Gesellschaft dar. Die Anführer der Protestbewegung gehörten der wirtschaftlichen Elite Israels an und dienten als Reserve in den Spezialeinheiten und der Luftwaffe. Sie drohten, ihr Vermögen aus Israel abzuziehen und den Militärdienst zu verweigern, und einige von ihnen begannen, ihre Drohungen wahr zu machen.

Als die Hamas am 7. Oktober 2023 die israelischen Grenzen durchbrach, marschierte sie in ein Land ein, das am Rande eines Bürgerkriegs stand. Dieser Krieg war für den Moment vergessen, als Israel sich zusammenschloss, um jeden Bewohner Gazas für die Taten der Hamas zu bestrafen. Doch die Auseinandersetzungen werden immer größer. Es gibt wenig Gemeinsamkeiten zwischen diesen beiden Lagern, die wir als Staat Israel und Staat Judäa bezeichnen könnten. Der Staat Judäa ist der Siedlerstaat, der in den jüdischen Siedlungen im Westjordanland entstand. Er ist heute eine wichtige politische Kraft in Israel und zielt darauf ab, Israel in einen rassistischeren, faschistischeren und theokratischeren Staat zu verwandeln.

Ihnen gegenüber steht der Staat Israel. Dies war das alte Israel, das stolz darauf war, die einzige Demokratie im Nahen Osten zu sein, eine säkulare und pluralistische Gesellschaft. Dass dies nur für die jüdische Bevölkerung galt, belastete sein Gewissen nicht allzu sehr.

Klar ist, dass es in Israel keine echte Linke oder gar ein echtes Friedenslager mehr gibt. Natürlich gibt es noch immer Menschen, die aufrichtig an die Möglichkeit einer friedlichen Lösung glauben. Auch die politischen Parteien, die die palästinensischen Bürger Israels vertreten, haben eine kleine Anzahl jüdischer Mitglieder. Es gibt eine Minderheit, die sich für Gerechtigkeit im gesamten historischen Palästina einsetzen will. Doch sie ist marginal und nicht in der Lage, die tatsächliche Politik der israelischen Regierung zu ändern.

# 15 DER HISTORISCHE UND MORALISCHE KONTEXT DES 7. OKTOBERS 2023

Ich habe dieses Buch mit den Worten von UN-Generalsekretär Antonio Guterres zum 7. Oktober 2023 begonnen. Er äußerte nur die mildesten Vorwürfe gegen die israelische Politik und verwies lediglich auf die Realität eines Volkes, das seit 56 Jahren unter Besatzung lebt. Ich hoffe, Sie erkennen zumindest die Wahrheit in seinen Worten. Doch die Reaktion in Israel war empört.

Die israelische Regierung verurteilte die Aussage umgehend. Israelische Regierungsvertreter forderten Guterres' Rücktritt und behaupteten, er unterstütze die Hamas und rechtfertige das von ihr verübte Massaker. Auch die israelischen Medien sprangen auf den Zug auf und behaupteten unter anderem, der UN-Generalsekretär habe »ein erstaunliches Maß an moralischer Verkommenheit an den Tag gelegt«.

Israels Reaktion auf die Aussage einer so hochrangigen internationalen Persönlichkeit deutet darauf hin, dass das Land seine Bemühungen verstärkt, jegliche Infragestellung des Staates und seiner Politik zu zensieren, und dafür häufig den Vorwurf des Antisemitismus als Waffe einsetzt. Bis zum 7. Oktober investierte Israel viel Zeit und Energie in die Konsensfindung für eine Definition von Antisemitismus, die Kritik am israelischen Staat und die Infragestellung der moralischen Grundlagen des Zionismus einschloss. Heute genügt schon die Feststellung, dass seit 1967 Generationen von Palästinensern unter Besatzung aufgewachsen sind, um eine Hexenjagd gegen Sie zu starten.

Es ist für Israel – für uns alle – von Nutzen, die Geschichte zu vergessen und jegliche Gewalt der Palästinenser als eine außergewöhnliche Gräueltat zu betrachten, die nur durch den Wunsch nach der Vernichtung der Juden verständlich ist. Es gibt Israel freie Hand für die Verfolgung einer Politik, die es in der Vergangenheit aus ethischen oder strategischen Gründen abgelehnt hätte. Und westliche Regierungen ziehen nach.

Der Anschlag vom 7. Oktober wird von Israel als Vorwand genutzt, um im Gazastreifen eine Völkermordpolitik zu betreiben. Er ist auch ein Vorwand für die Vereinigten Staaten, ihre Präsenz im Nahen Osten wiederherzustellen. Und es ist ein Vorwand für einige europäische Länder, demokratische Freiheiten im Namen eines neuen »Krieges gegen den Terror« einzuschränken. Wir sehen zum Beispiel, wie die Berliner Polizei das Singen und Rufen von Sprechchören in Fremdsprachen bei Protesten verboten hat oder wie Nachkommen von Holocaust-Überlebenden bei einer

Solidaritätsdemonstration für Palästina in den USA verhaftet wurden.

Damit es überhaupt Hoffnung auf Frieden und Gerechtigkeit in Israel und Palästina geben kann, müssen wir uns den zentralen historischen Kontext vor Augen führen.

Wir sollten bei 1948 beginnen. Die meisten Menschen in Gaza sind Flüchtlinge der ethnischen Säuberungen von 1948: Flüchtlinge der ersten, zweiten und nun dritten Generation. Israel schuf den Gazastreifen als Sammelbecken, um andere Gebiete des historischen Palästinas ethnisch zu säubern. Vor 1948 gab es keinen Gazastreifen. Gaza war eine kosmopolitische Stadt an der Via Maris zwischen Ägypten und der Türkei. Dieser Landstreifen, der nur 2 % des historischen Palästinas ausmacht, wurde zum größten Flüchtlingslager der Welt.

Seit 1967 leben die Bewohner des Gazastreifens und des Westjordanlands unter Besatzung. Die Menschen im Westjordanland und im Gazastreifen gehören derselben Gemeinschaft an, sodass die Politik in einem Gebiet auch das andere beeinflusst.

Die Besatzung, ob im Namen des Militärs oder einer Zivilverwaltung durchgeführt, machte Inhaftierungen ohne Gerichtsverfahren, Morde, Hauszerstörungen, Landenteignungen und Misshandlungen durch die Armee zum Alltag der Palästinenser. 1987 und 2000 entlud sich die Frustration über diese anhaltende Verfolgung in offenem Widerstand: der ersten und zweiten *Intifadas*. Es war nur eine Frage der Zeit, bis eine dritte ausbrach. Das Scheitern der beiden Aufstände war auch ein Versagen der eher säkularen palästinensischen Befreiungsbewegung, die Unterdrückung der Palästinenser zu beenden. Daher schöpften viele Palästinenser neue Hoffnung in islamistischen Gruppen wie der Hamas und dem Palästinensischen Islamischen Dschihad. Für sie und viele Muslime in Palästina war die ständige Verletzung der Heiligkeit des *Harams al-Sharif*, des Heiligen Berges in Jerusalem, auf dem die Al-Aqsa-Moschee steht, die drittheiligste Stätte des Islam, eine zusätzliche Beleidigung zu der Erniedrigung, die sie selbst erlebten. Palästinensische Christen, eine der ältesten christlichen Gemeinschaften der Welt, äußerten ähnliche Beschwerden über Israels Umgang mit ihren heiligen Stätten in Jerusalem und Bethlehem. Israel hat nun eine griechisch-orthodoxe Kirche im Gazastreifen zerstört.

Hamas und andere palästinensische Gruppen warnten mehrfach, dass die anhaltende Inhaftierung Tausender politischer Gefangener und die Provokation bezüglich *Harams al-Sharif* sie zu drastischen Maßnahmen gegen Israel zwingen würden. Sie verwiesen auf das Beispiel der 2021-Bewegung.

Und zuletzt ist der Gazastreifen seit siebzehn Jahren einer erbarmungslosen Belagerung ausgesetzt. In diesen siebzehn Jahren haben israelische Streitkräfte Gaza viermal direkt angegriffen – vom Land, vom Meer und aus der Luft. Die Hälfte der Bevölkerung des Gaza-streifens ist unter 21 Jahre alt, daher kennen sie nur die Realität der Belagerung und der Bombardierungen. Für diejenigen von uns, die in ihren sicheren und gemütli-chen Häusern leben, ist es schwer, die Zerstörungskraft der Bomben zu begreifen, die viele unserer Regierun-gen an Israel verkaufen. Ein Luftangriff im 21. Jahrhun-dert ist schlimmer als das, was Sie in den Büchern über den Zweiten Weltkrieg gelesen haben. Selbst wenn Sie bei diesen Bombardierungen Verletzungen und Tod entgehen, wird Sie das Trauma nie verlassen.

Die Hamas-Kämpfer, die am 7. Oktober in Israel ein-marschierten, waren größtenteils junge Menschen, die die Sprache der Gewalt durch die Bomben lernten, die Israel auf sie abwarf. Dies ist keine Rechtfertigung für ihr Handeln. Aber wir sollten nicht so sicher sein, dass wir viel besser reagiert hätten, wenn wir demselben Trauma ausgesetzt gewesen wären, ohne dass eine Lö-sung in Sicht wäre.

# SCHLUSSFOLGERUNG

Ich möchte zusammenfassen, was ich aus diesem kurzen Buch lernen möchte. Ich habe dieses Buch für alle geschrieben, die sich für die Geschichte Israels und Palästinas interessieren. Ich hoffe, dass die Betrachtung des Unrechts, das den Palästinensern seit über einem Jahrhundert widerfährt, Sie dazu inspiriert, sich ihrem Kampf solidarisch anzuschließen und sich gegen Unterdrückung zu stellen, wo immer Sie sind.

Zunächst haben wir den Mythos widerlegt, Palästina sei ein leeres Land gewesen – ein Land ohne Volk für ein Volk ohne Land, wie der zionistische Slogan lautet. Es ist eine glatte Lüge, die jeder Blick in die Geschichtsbücher widerlegt. Wir haben gesehen, was für eine blühende und vielfältige Gesellschaft Palästina wirklich war

Nicht weniger wichtig ist die Widerlegung der Vorstellung, dass die Menschen, die vor zweitausend Jahren im römischen Palästina lebten, die Vorfahren der zionistischen Siedler waren, die 1882 erstmals ankamen. Kolonisierung lässt sich nicht mit schwachen Verbindungen rechtfertigen, die hauptsächlich aus Texten antiker Religionen stammen. So funktionieren Recht und Gesetz heute nicht mehr.

Die zweite Schlussfolgerung lautet, dass ein jüdischer Staat auf dem historischen Palästina errichtet wurde, weil er während und nach dem Ersten Weltkrieg den imperialen Interessen Großbritanniens diente. Indem die Briten die zionistische Bewegung beim Staatsaufbau (1918–1948) unterstützten, brachen sie ein Versprechen an die Palästinenser, diese wie andere junge Nationen zu behandeln, d. h. ihnen das Recht auf Selbstbestimmung und Unabhängigkeit zu gewähren. Dadurch machten sie sich auch mitschuldig an der ethischen Säuberung der Palästinenser im Jahr 1948.

Die dritte Schlussfolgerung ist, dass die zionistische Bewegung von dem Moment an, als sie beschloss, Palästina als Ort einer neuen jüdischen Nation zu betrachten, zu einer Siedlerkolonialbewegung wurde. Siedlerkolonialbewegungen sind europäische Siedlerbewegungen, die ein neues Europa außerhalb Europas aufbauen wollen, wo sie unwillkommen sind. In allen Fällen wählten sie Orte, an denen bereits andere Menschen lebten. Die dortigen Einheimischen wurden von den Siedlerkolonialbewegungen als Hindernis betrachtet, das es zu beseitigen galt. Wenn wir den Zionismus als Siedlerkolonialbewegung verstehen, können wir besser verstehen, warum zionistische Denker und Führer schon sehr früh über die Notwendigkeit der Umsiedlung der Palästinenser schrieben. Es erklärt auch, warum die zionistische Bewegung schon Mitte der 1920er-Jahre die neuen britischen Landgesetze ausnutzte, um erste ethnische Säuberungen an palästinensischen Bauern zu verüben. Diese ethnischen Säuberungen dauern seitdem bis heute an. Im Jahr 2023 erreichte der Konflikt noch gewalttätigere Ausmaße und kostete Zehntausende Menschen im Gazastreifen das Leben. Die vierte Schlussfolgerung lautet: Obwohl viele im Westen bereit waren, anderen antikolonialen Kämpfen, insbesondere gegen ein rivalisierendes Imperium, die Hand zu reichen, wurde dies den Palästinensern nie entgegengebracht. Durch die intensive pro-israelische Lobbyarbeit wurde der palästinensische antikolonialistische Kampf als brutaler Terrorakt ohne triftigen Grund dargestellt. Es ist an der Zeit, die palästinensische Nationalbewegung als antikolonialistische Bewegung anzuerkennen. Im globalen Süden und in weiten Teilen der Zivilgesellschaft im globalen Norden ist dieses Bild der palästinensischen Befreiungsbewegung als terroristische Organisation nicht länger akzeptabel. Doch ohne die vollständige globale Anerkennung des Rechts der Palästinenser auf einen Befreiungskampf wird das Blutvergießen in Israel und Palästina weitergehen. Die fünfte Schlussfolgerung lautet, dass die sogenannten Friedensbemühungen ab 1967 von den USA dominiert

wurden und scheiterten, weil die USA und ihre Verbündeten in Europa unehrliche Vermittler waren. Sie
ignorierten stets das Leid und die Rechte der Palästinenser und nutzten den »Prozess« als Schutzschild, der
es Israel ermöglichte, die Besatzung und Kolonisierung
fortzusetzen. In diesem Zusammenhang haben wir ge-
zeigt, dass die Osloer Abkommen, die als großzügiges
israelisches Friedensabkommen gefeiert und von den
Palästinensern grundlos abgelehnt wurden, nichts der-
gleichen waren. Sie waren ein Versuch, eine Form der
Besatzung durch eine andere zu ersetzen. Sie weckten
unerfüllte Hoffnungen und trugen zum Ausbruch der
zweiten Intifada bei. Die sechste Schlussfolgerung lautet, dass die Zweistaatenlösung, d. h. das zentrale Kon-
zept des sogenannten Friedensprozesses, kläglich gescheitert ist. Es ist gescheitert, weil es angesichts der
Anwesenheit von 700 000 jüdischen Siedlern im Westjordanland und des allgemeinen Rechtsrucks des israelischen politischen Systems, der durch die Ereignisse
vom 7. Oktober 2023 nur noch verstärkt wird, nicht
mehr praktikabel ist. Es kann auch nicht funktionieren,
weil seine logischen und moralischen Prämissen fehler-
haft sind. Es gilt nur für einen kleinen Teil Palästinas
(22 %) und nur für einen Teil des palästinensischen
Volkes. Eine echte Lösung muss die Probleme der palästinensischen Flüchtlinge und der palästinensischen
Minderheit in Israel angehen. Dies kann nur im Rah-

men einer demokratischen Ein-Staaten-Lösung erreicht werden, in der alle – Palästinenser wie Israelis – gleiche Rechte genießen und sich im gesamten historischen Palästina frei bewegen können. Die siebte Schlussfolgerung lautet, dass wir die Art und Weise ändern müssen, wie wir über Israel und Palästina sprechen. Es hat keinen Sinn, von Frieden zu sprechen, als trügen beide Seiten gleichermaßen Schuld, wenn es in Wirklichkeit um die Entkolonialisierung geht. Das historische Palästina war über ein Jahrhundert lang dem Siedlerkolonialismus ausgesetzt, und das zu hohen Kosten. Entkolonialisierung ist eng mit anderen Begriffen verbunden, die der westliche Mainstream-Diskurs im Zusammenhang mit Israel und Palästina vermeidet: Befreiung und Versöhnung. Ich behaupte nicht, einen Plan zur Erreichung dieser hehren Ziele zu haben. Die palästinensische Befreiungsbewegung muss eine Lösung erarbeiten, die allen, die heute im historischen Palästina leben, Gerechtigkeit bietet, einschließlich der israelischen Juden. Abschließend sei gesagt: Was wir in den letzten zwei Jahren im Gazastreifen erlebt haben, ist das schlimmste Kapitel in der Geschichte des modernen Israel und Palästina. Im Verlauf wird dies als unvorstellbare Katastrophe in Erinnerung bleiben. Es ist noch zu früh, um vorherzusagen, welche Auswirkungen dies auf die Zukunft und das Schicksal der Palästinenser in den kommenden Jahren haben wird. Doch wenn wir, wie bereits erwähnt, die Geschichte betrachten, können wir den Zusammenhang zwischen den Ursprüngen des Zionismus in Palästina als Siedlerkolonialbewegung und seinen Aktionen, die der Logik der Vernichtung der Einheimischen folgten, besser verstehen. Wir können dies vor allem verstehen, ungeachtet der erklärten Ideologien seiner Teilnehmer.

Die Übernahme des Paradigmas des Siedlerkolonialismus bringt noch weitere Erkenntnisse mit sich. Sie bedeutet, dass jede künftige Lösung berücksichtigen muss, dass die jüdische Gemeinschaft in den letzten hundert Jahren auf eine beachtliche Bevölkerungszahl von acht Millionen Menschen angewachsen ist. Diese Gemeinschaft hat einen modernen Staat und eine der stärksten Armeen der Welt aufgebaut, um sich als jüdischer Staat zu behaupten. Und dennoch kann sie nicht überleben, glaubt sie, ohne die Palästinenser zu unterdrücken. Die Palästinenser leisten weiterhin Widerstand und stellen trotz aller Versuche, sie als Gemeinschaft aus dem historischen Palästina zu entfernen – von Vertreibungen bis hin zu roher Gewalt und Bombenangriffen – weiterhin eine Herausforderung dar. Es wird deutlich, dass Israel als jüdisches Projekt nicht funktioniert. Es scheint, als gäbe es nur sehr wenige Gemeinsamkeiten zwischen säkularen und religiösen Juden in Israel, abgesehen vom Hass auf die Araber im Allgemeinen und die Palästinenser im Besonderen.

Das reicht nicht für eine stabile nationale Identität – es ist nichts, worauf ein normaler Mensch stolz sein kann. Die israelischen Führer unserer Zeit bieten keine Vision von Frieden und Normalität für Israelis in einer arabischen Welt. Israel sieht sich immer noch als westlicher Außenposten in einer feindseligen arabischen Welt, auch wenn die Mehrheit der Juden in Israel heute nicht aus Europa stammt. Nur wenn Israel die Realität seiner Vergangenheit und seine Nähe zu seinen unmittelbaren geografischen Nachbarn akzeptiert, kann es an der Gestaltung einer besseren Zukunft für das historische Palästina und den Nahen Osten als Ganzes mitwirken. Wir hoffen, dass dieser Tag noch zu unseren Lebzeiten kommt.

# Ilan Pappe

## Die ethnische Säuberung
# Palästinas

*Mit einem Grußwort
von Ilan Pappe*

WESTEND

Ilan Pappe
Die ethnische Säuberung Palästinas
Westend Verlag – ISBN: 978-386-489-258-5
Preis: 24,00 €

ILAN PAPPÉ

Die Geschichte
der Palästinenser
in Israel

WESTEND

# Die
# vergessenen
# Palästinenser

Ilan Pappe
Die vergessenen Palästinenser –
Die Geschichte der Palästinenser in Israel
Westend Verlag – ISBN: 978-386-489-493-0
Preis: 24,00 €

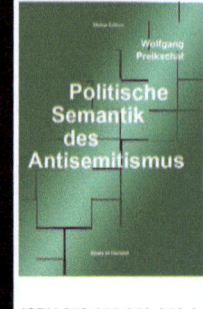

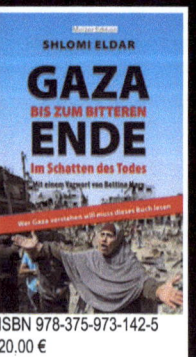